OUVRAGE PUBLIÉ SOUS LES AUSPICES
DU MINISTÈRE DE L'INSTRUCTION PUBLIQUE
SOUS LA DIRECTION DE L. JOUBIN
PROFESSEUR AU MUSEUM D'HISTOIRE NATURELLE

DEUXIÈME EXPÉDITION ANTARCTIQUE FRANÇAISE

(1908-1910)

COMMANDÉE PAR LE

Dr JEAN CHARCOT

SCIENCES NATURELLES : DOCUMENTS SCIENTIFIQUES

PHYTOPLANCTON DE L'ANTARCTIQUE

PAR

L. MANGIN
Membre de l'Institut

MASSON ET Cie, ÉDITEURS
120, Bd SAINT-GERMAIN, PARIS (VIe)
1915

Commission chargée par l'Académie des Sciences
d'élaborer le programme scientifique de l'Expédition

MM. les Membres de l'Institut :

Bouquet de la Grye.
Bornet.
Bouvier.
Gaudry.
Giard.
Guyou.
Lacroix.
de Lapparent.
Mangin.
Mascart.
Müntz.
Ed. Perrier.
Roux.

Commission nommée par le Ministère de l'Instruction Publique
pour examiner les résultats scientifiques de l'Expédition

MM. Ed. Perrier . . . . Membre de l'Institut, Directeur du Muséum d'Histoire naturelle, Président.
Vice-Amiral Fournier. Membre du Bureau des Longitudes, Vice-Président.
Angot . . . . Directeur du Bureau central météorologique.
Bayet . . . . Correspondant de l'Institut, Directeur de l'Enseignement supérieur.
Bigourdan . . . . . . Membre de l'Institut, Astronome à l'Observatoire de Paris.
Colonel Bourgeois. . Directeur du Service géographique de l'Armée.
Bouvier . . . . Membre de l'Institut, Professeur au Muséum d'Histoire naturelle.
Gravier . . . . Assistant au Muséum d'Histoire naturelle.
Commandant Guyou. Membre de l'Institut, Membre du Bureau des Longitudes.
Hanusse . . . . Directeur du Service hydrographique au Ministère de la Marine.
Joubin . . . . Professeur au Muséum d'Histoire naturelle et à l'Institut Océanographique.
Lacroix . . . . Membre de l'Institut, Professeur au Muséum d'Histoire naturelle.
Lallemand . . . . . . Membre de l'Institut, Membre du Bureau des Longitudes, Inspecteur général des Mines.
Lippmann . . . . . . Membre de l'Institut, Professeur à la Faculté des Sciences de l'Université de Paris.
Müntz . . . . Membre de l'Institut, Professeur à l'Institut agronomique.
Rabot . . . . Membre de la Commission des Voyages et Missions scientifiques et littéraires.
Roux . . . . Membre de l'Institut, Directeur de l'Institut Pasteur.
Vélain . . . . Professeur à la Faculté des Sciences de l'Université de Paris.

DEUXIÈME EXPÉDITION ANTARCTIQUE FRANÇAISE

(1908 - 1910)

COMMANDÉE PAR LE

Dr JEAN CHARCOT

(26)

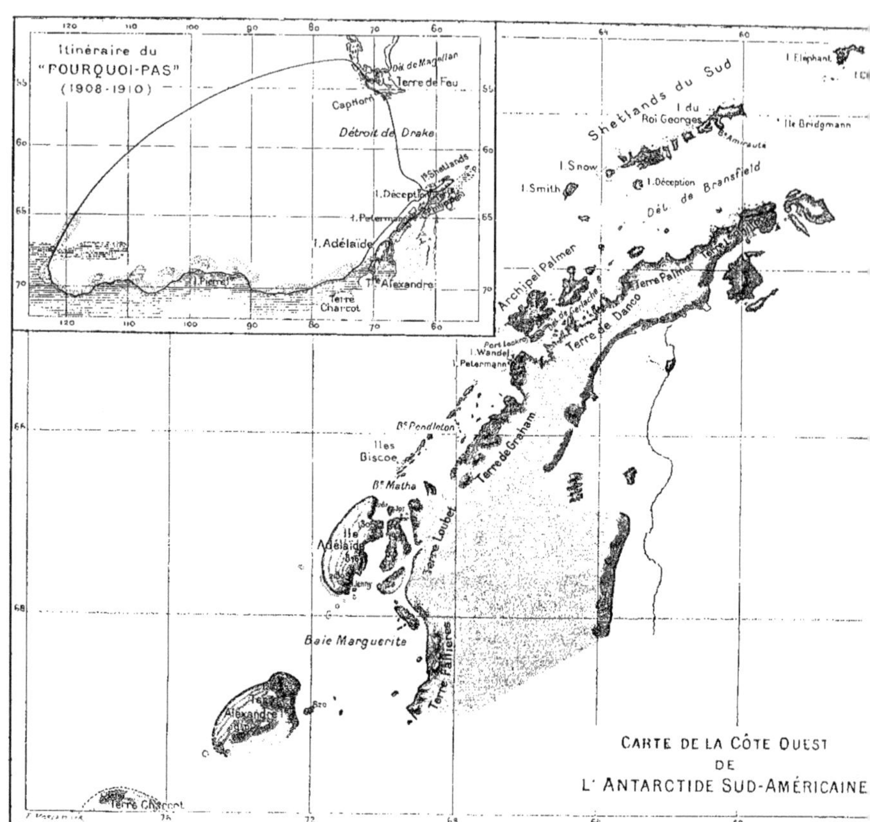

CARTE DES RÉGIONS PARCOURUES ET RELEVÉES PAR L'EXPÉDITION

MEMBRES DE L'ÉTAT-MAJOR DU "POURQUOI PAS?"

J.-B. CHARCOT

M. BONGRAIN.	Hydrographie, Sismographie, Gravitation terrestre, Observations astronomiques.
L. GAIN.	Zoologie (*Spongiaires, Échinodermes, Arthropodes, Oiseaux et leurs parasites*) Plancton, Botanique.
R.-E. GODFROY.	Marées, Topographie côtière, Chimie de l'air.
E. GOURDON	Géologie, Glaciologie.
J. LIOUVILLE.	Médecine, Zoologie (*Pinnipèdes, Cétacés, Poissons, Mollusques, Cœlentérés, Vermidiens, Vers, Protozoaires, Anatomie comparée, Parasitologie*).
J. ROUCH.	Météorologie, Océanographie physique, Electricité atmosphérique.
A. SENOUQUE.	Magnétisme terrestre, Actinométrie, Photographie scientifique.

OUVRAGE PUBLIÉ SOUS LES AUSPICES DU MINISTÈRE DE L'INSTRUCTION PUBLIQUE

SOUS LA DIRECTION DE L. JOUBIN, Professeur au Muséum d'Histoire Naturelle

DEUXIÈME EXPÉDITION ANTARCTIQUE FRANÇAISE

(1908-1910)

COMMANDÉE PAR LE

Dr JEAN CHARCOT

SCIENCES NATURELLES : DOCUMENTS SCIENTIFIQUES

PHYTOPLANCTON DE L'ANTARCTIQUE

PAR

L. MANGIN

Membre de l'Institut.

Professeur au Muséum d'Histoire naturelle.

MASSON ET Cie, ÉDITEURS

120, Bd SAINT-GERMAIN, PARIS (VIe)

1915

LISTE DES COLLABORATEURS

MM.	TROUESSART	*Mammifères.*
*	ANTHONY et GAIN	*Embryologie des Spheniscidæ.*
*	LIOUVILLE	*Cétacés* (Baleinoptères, Ziphiidés, Delphinidés).
*	GAIN	*Oiseaux.*
	LIOUVILLE	*Phoques.*
*	ROULE	*Poissons.*
*	SLUITER	*Tuniciers.*
*	JOUBIN	*Céphalopodes, Brachiopodes, Némertiens.*
*	LAMY	*Gastropodes, Scaphopodes et Pélécypodes.*
*	J. THIELE	*Amphineures.*
	VAYSSIÈRE	*Nudibranches.*
*	KEILIN	*Diptères.*
*	IVANOF	*Collemboles.*
*	TROUESSART	*Acariens.*
*	NEUMANN	*Mallophages, Ixodides.*
*	BOUVIER	*Pycnogonides.*
	COUTIÈRE	*Crustacés Schizopodes et Décapodes.*
* Mlle	RICHARDSON	*Isopodes.*
MM.	CALMAN	*Cumacés.*
*	DE DADAY	*Ostracodes, Phyllopodes, Infusoires.*
*	CHEVREUX	*Amphipodes.*
	CÉPÈDE	*Copépodes.*
*	QUIDOR	*Copépodes parasites.*
	CALVET	*Bryozoaires.*
*	GRAVIER	*Polychètes, Crustacés parasites et Ptérobranches.*
	HÉRUBEL	*Géphyriens.*
*	GERMAIN	*Chétognathes.*
*	DE BEAUCHAMP	*Rotifères.*
	RAILLIET et HENRY	*Helminthes parasites.*
*	HALLEZ	*Polyclades et Triclades maricoles.*
*	KŒHLER	*Stellérides, Ophiurides et Échinides.*
*	VANEY	*Holothuries.*
	PAX	*Actiniaires.*
*	BILLARD	*Hydroïdes.*
	TOPSENT	*Spongiaires.*
*	PÉNARD	*Rhizopodes.*
*	FAURÉ-FRÉMIET	*Foraminifères.*
*	CARDOT	*Mousses.*
* Mme	LEMOINE	*Algues calcaires (Mélobésiées).*
* MM.	GAIN	*Algues.*
*	MANGIN	*Phytoplancton.*
	PERAGALLO	*Diatomées.*
*	HUE	*Lichens.*
	METCHNIKOFF	*Bactériologie.*
	GOURDON	*Géographie physique, Glaciologie, Pétrographie.*
*	BONGRAIN	*Hydrographie, Cartes, Chronométrie.*
*	GODFROY	*Marées.*
*	MUNTZ	*Eaux météoriques, sol et atmosphère.*
*	ROUCH	*Météorologie, Électricité atmosphérique, Océanographie physique.*
	SENOUQUE	*Magnétisme terrestre, Actinométrie.*
	J.-B. CHARCOT	*Journal de l'Expédition.*

Les travaux marqués d'un astérisque sont déjà publiés.

PHYTOPLANCTON DE L'ANTARCTIQUE

EXPÉDITION DU " POURQUOI PAS? "

1908-1910

Par L. MANGIN

Les récoltes du plancton de la deuxième expédition antarctique française rassemblées par M. Gain ont été pour la plupart conservées dans l'acide chromique étendu (0,50 d'acide chromique ; 3 centimètres cubes d'acide acétique ; 100 d'eau).

Malheureusement il n'a pas été possible, au cours de l'expédition, de laver les récoltes pour éliminer l'acide chromique et le remplacer par l'alcool, et les matériaux ont séjourné dans le réactif pendant plus de deux ans.

Ce long séjour n'a pas eu d'inconvénient pour les Diatomées, mais il a été très funeste aux organismes à membrane cellulosique, notamment aux Péridiniens.

En effet, comme je l'ai établi dans un précédent travail (1), sous l'action de l'acide chromique, la carapace est profondément altérée et devient rapidement soluble dans la potasse étendue.

Les observations précises sur la tabulation de ces organismes sont ainsi rendues difficiles, sinon impossibles. Cet inconvénient est heureusement de peu d'importance en raison de la rareté des Péridiniens dans le plancton antarctique.

L'énumération des espèces rencontrées dans les pêches est précédée dans les listes par des chiffres qui indiquent leur degré de fréquence suivant l'échelle ci-dessous :

(1) MANGIN (L.), Phytoplancton de Saint-Vaast-la-Hougue (*Nouvelles Archives du Muséum*, 3e série, t. V, p. 147, 1913).

NUMÉROS.	NOMBRE D'INDIVIDUS.	
1/2	1 à 5	Très rare.
1	6 à 10	Rare.
2	11 à 20	Assez rare.
3	21 à 50	Assez commun.
4	51 à 100	Commun.
5	100 à 200	Très commun.
6	201 et plus.	Extrêmement commun.

Le comptage s'effectue sur les préparations obtenues en déposant sur le porte-objet une goutte de liquide renfermant les sédiments préalablement agités pour être dispersés uniformément dans le liquide.

Dans les tableaux annexés au présent mémoire, les chiffres qui indiquent le degré de fréquence sont remplacés par des traits ou des rectangles noirs d'égale longueur, mais d'épaisseur croissante jusqu'au numéro 6.

I. — LISTE DES ESPÈCES RÉCOLTÉES.

Station I. — Chenal de Roosen, près Port-Lockroy. Longitude : 65°51′ W. P.; latitude : 64°48′ S. 26 décembre 1908, 16 heures. Température de l'eau : + 2°; température de l'air : + 2°,1. Densité : 1,0271. Vent S.-O. 5.

Pêche 14. — Plancton abondant.

3 *Biddulphia striata* Karsten.
1/2 *Chætoceros flexuosus* nov. sp.
3 *Chætoceros socialis* Lauder.
4 *Corethron Valdiviæ* Karsten avec auxospores et microspores.
5 *Coscinodiscus Bouvet* Karsten.
1 *Coscinodiscus Oculus-Iridis* Ehr.
4 *Eucampia antarctica* (Castr.).
2 *Fragilaria Castracanei* de Toni.
4 *Melosira mucosa* nov. sp.
1/2 *Rhizosolenia antarctica* Karsten.
2 *Rhizosolenia truncata* Karsten.
4 *Thalassiosira antarctica* Comber avec colonies en masses gélatineuses.

Station II. — De Port-Lockroy à l'îlot de Casablanca. 27 décembre 1908, 14 heures. Température de l'eau : 0°; température de l'air : 1°,9. Mêmes indications qu'à la pêche 14.

Pêche n° 15.

1/2 *Actinocyclus polygonus* var. *ornatus*.
2 *Biddulphia striata* Karsten.
1/2 *Chætoceros Dichæta* Ehr.
1/2 *Chætoceros socialis* Lauder.
5 *Corethron Valdiviæ* Karsten.
6 *Coscinodiscus Bouvet* Karsten.

1/2 *Coscinodiscus bifrons* Castr.
1/2 *Coscinodiscus stellaris* Rop.
1/2 *Coscinosira antarctica* n. sp.
3 *Eucampia antarctica* (Castr.).
1 *Fragilaria Castracanei* de Toni.
1/2 *Licmophora Reichardtii* Grun.
3 *Melosira sphærica* Karsten.
1 *Melosira mucosa* n. sp.
2 *Rhizosolenia truncata* Karsten.
2 *Thalassiosira antarctica* Comber.
1/2 *Triceratium arcticum* var. *kerguelenensis* Castr.

Station II. — 29 décembre 1908, 18 heures, les autres indications comme en 14 et 15.

Pêche 16.

1/2 *Achnanthes* sp.
1/2 *Biddulphia polymorpha* n. sp.
1 *Biddulphia striata* Karsten.
1/2 *Chætoceros Dichæta* Ehr.
1 *Chætoceros socialis* Lauder.
5 *Corethron Valdiviæ* Karsten.
5 *Coscinodiscus Bouvet* Karsten.
1/2 *Coscinodiscus stellaris* Rop.
1 *Eucampia antarctica* (Castr.).
2 *Fragilaria Castracanei* de Toni.
1 *Licmophora Reichardtii* Grun.
2 *Melosira mucosa* n. sp.
2 *Rhizosolenia truncata* Karsten.
3 *Thalassiosira antarctica* Comber.

Station III. — Vers le milieu du chenal de Peltier. Longitude G. : 65° 50′ W. P. ; latitude : 65° 51′ S. 29 décembre 1908, 16 heures. Température de l'eau : + 2° ; température de l'air : + 3°,5. Densité : 1,0263.

Pêche 17. — Plancton faible.

2 *Biddulphia striata* Karsten.
1/2 *Chætoceros criophilus* Castr.
1/2 *Chætoceros curvatus* Castr.
1/2 *Chætoceros flexuosus* n. sp.
1/2 *Chætoceros neglectus* Karsten.
1/2 *Chætoceros* sp.
4 *Corethron Valdiviæ* Karsten.
4 *Coscinodiscus Bouvet* Karsten.
1/2 *Coscinodiscus Oculus-Iridis* Ehr.
1/2 *Coscinodiscus radiatus* Ehr.
1/2 *Dactyliosolen flexuosus* n. sp.
1 *Eucampia antarctica* (Castr.).
1 *Fragilaria Castracanei* de Toni.
2 *Melosira mucosa* n. sp.
1 *Melosira sphærica* Karsten.
2 *Rhizosolenia truncata* Karsten.
4 *Thalassiosira antarctica* Comber.

Station IV. — Chenal de Lemaire, en face l'île Pétermann. Longitude G. : 66° 32′ W. P. ; latitude : 65° 10′ S. 5 janvier 1909, 9 heures. Température de l'eau : + 0°,3 ; température de l'air : + 1°. Vent N. 5.

Pêche 18. — Plancton très faible.

1/2 *Biddulphia striata* Karsten.
1/2 *Chætoceros flexuosus* n. sp.
1/2 *Cocconeis costata* Greg.
2 *Corethron Valdiviæ* Karsten.
4 *Coscinodiscus Bouvet* Karsten.
4 *Coscinodiscus sub-bulliens* Jörg.
1/2 *Fragilaria Castracanei* de Toni.
1/2 *Hyalodiscus* sp.?
1/2 *Rhizosolenia antarctica* Karsten.
1 *Thalassiosira antarctica* Comber.

Station IV. — 6 janvier 1909, 14 heures. Température de l'eau : 0°,0 ; température de l'air : + 3°. Vent N. 5. Pour les autres indications comme à la station 18.

Pêche 19. — Plancton très faible.

2 *Biddulphia striata* Karsten.
4 *Corethron Valdiviæ* Karsten.
3 *Coscinodiscus Bouvet* Karsten.
2 *Coscinodiscus Oculus-Iridis* Ehr.
1 *Rhizosolenia truncata* Karsten.
3 *Thalassiosira antarctica* Comber, libres et en colonies mucilagineuses.

Station V. — Baie Marguerite, près l'île Jenny. Longitude G. : 70°45′ 42″ W. P. ; latitude : 67° 42′ 30″ S. 15 janvier 1909, 14 heures. Température de l'eau : + 0°,3 ; température de l'air : + 3°. Densité : 1,0263. Calme.

Pêche 20. — Plancton très peu abondant.

3 *Biddulphia striata* Karsten.
1/2 *Asteromphalus Brockei* Bail.
2 *Amphiprora Œstrupi* H. V. H.
1 *Corethron Valdiviæ* Karsten.
1 *Coscinodiscus Bouvet* Karsten.
1/2 *Coscinodiscus chromoradiatus* Karsten.
1 *Coscinodiscus radiatus* Ehr.
2 *Eucampia antarctica* (Castr.).
1 2 *Fragilaria* sp.
1/2 *Rhizosolenia truncata* Karsten.
1/2 *Thalassiosira antarctica* Comber.
3 *Peridinium* sp. Ces exemplaires, à cuirasse altérée par l'acide chromique, sont intermédiaires entre *P. pellicidum* et *P. applanatum* n. sp.

Station VI. — En face la Terre Alexandre. Longitude G. : 72° 07′ W. P. ; latitude : 68° 20′ S. 16 janvier 1909, 14 heures. Température de l'eau : — 1°,5 ; température de l'air : — 0°,7. Densité : 1,0279. Vent S.-S.-E. 5.

Pêche 21. — Plancton très peu abondant.

1 *Asteromphalus Roperianus* Ralfs.
1/2 *Biddulphia striata* Karsten.
1/2 *Corethron Valdiviæ* Karsten.
1 *Coscinodiscus chromoradiatus* Karsten.
1 *Coscinodiscus Bouvet* Karsten.
1/2 *Coscinodiscus inflatus* Karsten.
4 *Coscinodiscus Oculus-Iridis* Ehr.
1/2 *Coscinodiscus quadripunctatus* Karsten.
4 *Coscinodiscus radiatus* Ehr.
1/2 *Coscinodiscus stellaris* Roper.
1/2 *Eucampia antarctica* (Castr.).
1/2 *Fragilaria Castracanei* de Toni.
1/2 *Thalassiosira antarctica* Comber.

Station VII. — Baie Marguerite, vers l'île Léonie. 19 janvier 1909. 16 heures. Température de l'eau : — 0°,7 ; température de l'air : + 2°,2. Vent N.-E. 10.

Pêche 22.

1 *Asteromphalus Roperianus* Ralfs.
2 *Biddulphia striata* Karsten.
1/2 *Chætoceros* sp.
5 *Corethron Valdiviæ* Karsten.
1/2 *Coscinodiscus Bouvet* Karsten.
1/2 *Coscinodiscus Oculus-Iridis* Ehr.
1 *Coscinodiscus stellaris* Rop.
1/2 *Eucampia antarctica* (Castr.).
3 *Fragilaria Castracanei* de Toni.
1/2 *Rhizosolenia* sp.
1/2 *Thalassiosira antarctica* Comber.
1 *Peridinium* sp. (Voir station XX.)
1/2 *Peridinium pentagonum*?

Station VIII. — Devant la Terre Alexandre. Longitude G. : 72°30′ W. P. ; latitude : 68°31′ S. 22 janvier 1909, 16 heures. Température de l'eau : + 0°,5 ; température de l'air : + 1°,7. Densité : 1,0262. Vent E.-S.-E. 5.

Pêche 25. — Plancton très peu abondant.

1/2 *Asteromphalus Roperianus* Ralfs.
1/2 *Corethron Valdiviæ* Karsten.
1 *Coscinodiscus chromoradiatus* Karsten.
1/2 *Coscinodiscus lineatus* Ehr.
6 *Coscinodiscus Oculus-Iridis* Ehr.
2 *Coscinodiscus radiatus* Ehr.
1 *Coscinodiscus stellaris* Rop.
1 *Eucampia antarctica* (Castr.).
1 *Fragilaria* sp.
1/2 *Rhizosolenia truncata* Karsten.

Station IX. — Au large de l'entrée de la baie Marguerite. Longitude G. : 71°25′ W. P. ; latitude : 67°52′ S. 23 janvier 1909, 10 heures. Température de l'eau : 0° ; température de l'air : 0°. Densité : 1,0267. Vent E. 20.

Pêche 26. — Plancton peu abondant.

1/2 *Asteromphalus* sp.
1/2 *Biddulphia polymorpha* n. sp.
1/2 *Biddulphia striata* Karsten.
2 *Corethron Valdiviæ* Karsten.
1 *Coscinodiscus Bouvet* Karsten.
1 *Eucampia antarctica* (Castr.).
1/2 *Fragilaria Castracanei* de Toni.
1 *Rhizosolenia polydactyla* (Castr.).
1/2 *Peridinium antarcticum* Karsten.

Station X. — Baie Marguerite, près l'île Jenny. Longitude G. : 70°45′ W. P. ; latitude : 67° 43′ S. 23 janvier 1909, 18 heures. Température de l'eau : 0° ; température de l'air : + 4°,7. Densité : 1,0263. Calme.

Pêche 27. — Plancton de profondeur entre 60 mètres et 30 mètres. Plancton faible.

1/2 *Biddulphia striata* Karsten.
1/2 *Chætoceros densus* Cleve.
4 *Corethron Valdiviæ* Karsten.
1/2 *Coscinodiscus Bouvet* Karsten.
1/2 *Coscinodiscus Oculus-Iridis* Ehr.
6 *Eucampia antarctica* (Castr.).
2 *Fragilaria Castracanei* de Toni.
1/2 *Rhizosolenia polydactyla* (Castr.).

Station XI. — Baie Marguerite, près l'île Jenny, 29 janvier 1909, 16 heures. Température de l'eau : — 0°,6 ; température de l'air : + 2°. Vent O.-S.-O. 25.

Pêches 28, 29, 30, 31, 32.

Pêche 28. — Plancton de surface très peu abondant.

1 *Achnanthes* sp.
1/2 *Asteromphalus Hookeri* Ehr.
1/2 *Biddulphia polymorpha* n. sp.
1 *Coscinodiscus Oculus-Iridis* Ehr.
1 *Eucampia antarctica* (Castr.).
1 *Licmophora Reichardtii* Grun.

Pêche 29. — De 0 mètre à 20 mètres. Plancton peu abondant.

1/2 *Achnanthes* sp.
1 *Biddulphia striata* Karsten.
1/2 *Coscinodiscus australis* Karsten.
1/2 *Coscinodiscus Oculus-Iridis* Ehr.
1/2 *Coscinodiscus radiatus* Ehr.
2 *Eucampia antarctica* (Castr.).
2 *Fragilaria Castracanei* de Toni.

Pêche 30. — De 20 mètres à 40 mètres. Plancton assez abondant.

1 *Achnanthes* sp.
1/2 *Asteromphalus Hookeri* Ehr.
1/2 *Biddulphia polymorpha* n. sp.
1/2 *Biddulphia striata* Karsten.
1/2 *Chætoceros tortissimus* Gran.
1/2 *Corethron Valdiviæ* Karsten.
1 *Coscinodiscus Bouvet* Karsten.
1/2 *Coscinodiscus chromoradiatus* Karsten.
1 *Coscinodiscus Oculus-Iridis* Ehr.
1/2 *Coscinodiscus radiatus* Ehr.
3 *Fragilaria Castracanei* de Toni.
1/2 *Licmophora Reichardtii* Grun.
5 *Eucampia antarctica* (Castr.).
1/2 *Melosira Sol* Ehr.
1/2 *Rhizosolenia antarctica* Karsten.
1/2 *Rhizosolenia styliformis* Bgtw.
1/2 *Schimperiella Valdiviæ* Karsten.
1/2 *Peridinium elegans*.

Pêche 31. — De 40 mètres à 60 mètres. Plancton assez abondant.

3 *Corethron Valdiviæ* Karsten.
1/2 *Coscinodiscus inflatus* Karsten.
1/2 *Coscinodiscus Oculus-Iridis* Ehr.
1/2 *Coscinodiscus subtilis* Ehr.
3 *Eucampia antarctica* (Castr.).
1 *Fragilaria Castracanei* de Toni.

Pêche 32. — De 70 mètres à 90 mètres. Plancton très faible.

2 *Corethron Valdiviæ* Karsten.
1/2 *Coscinodiscus Oculus-Iridis* Ehr.
1/2 *Eucampia antarctica* (Castr.).

Station XII. — Fond de la baie de Matha. Longitude G. : 69°30′ W. P. ; latitude : 66° 56′ S. 1er février 1909, 10 heures. Température de l'eau : — 1°,3 ; température de l'air : — 1°,1. Densité : 1,0264. Vent S.-E. 15.

Station XI.
aie Marguerite, près l'île Jenny, 67° 43′ S.

	N° 28. Surface.	N° 29. 0 m. à 20 m.	N° 30. 20 m. à 40 m.	N° 31. 40 m. à 60 m.	N° 32. 70 m. à 90 m.
nthes sp.	▬	▬	....	....	....
mphalus Hookeri Ehr.	▬	....	▬	....	....
phia polymorpha n. sp.	▬	....	▬	....	....
— *striata* Karsten.	....	▬	▬	....	....
eros tortissimus Gran.	....	....	▬	....	....
ron Valdiviæ Karsten.	....	....	▬	▬	▬
odiscus Bouvet Karsten.	....	....	▬	....	....
chromoradiatus Karsten.	....	....	▬	....	....
Oculus-Iridis Ehr.	▬	▬	▬	▬	▬
radiatus Ehr.	....	▬	▬	....	....
pia antarctica (Castr.).	▬	▬	▬	▬	▬
aria Castracanei de Toni.	....	▬	▬		....
phora Reichardtii H. V. H.	▬	....	....	....	....
a Sol Ehr.	....	....	▬	▬	....
olenia antarctica Karsten.	....	....	▬	....	....
— *styliformis* Bgtw.	....	....	▬	....	....
perella antarctica Karsten.	....	....	▬	....	....

Station XII.
1er février 1909. Baie de Matha.

	N° 33. Surface.	N° 34. 0 m. à 30 m.	N° 35. 30 m. à 60 m.	N° 36. 60 m. à 90 m.	N° 37. 90 m. à 120 m.	N° 38. 120 m. à 150 m.
iprora Œstrupi H. V. H.	▬	....	....	....	....	....
mphalus Hookeri Ehr.	....	▬	....	....	....	....

Station XII.
1er février 1909. Baie de Matha (*suite*).

	N° 33. Surface.	N° 34. 0 m. à 30 m.	N° 35. 30 m. à 60 m.	N° 36. 60 m. à 90 m.	N° 37. 90 m. à 120 m.	N° 38. 120 m. à 150 m.
Asteromphalus Roperianus Ralfs.	▬	....	....	▬	▬	▬
Biddulphia polymorpha n. sp.	▬	....	....	....	....	....
— *striata* Karsten.	▬	▬	▬	▬	▬	▬
Chætoceros Dichæta Ehr.	....	....	▬	....	....	....
— *flexuosus* n. sp.	▬	▬	....	....	....	....
— *neglectus* Karsten.	▬	▬	....	....	....	....
— *Schimperianus* Karsten.	▬	....	▬	....	....	....
— *socialis* Lauder.	▬	....	....	▬	....	....
— *tortissimus* Gran.	▬	▬	....	....	....	....
Corethron Valdiviæ Karsten.	▬	▬	▬	▬	▬	▬
Coscinodiscus Bouvet Karsten.	▬	▬	▬	....	▬	▬
— *anguste-lineatus* A. Sch.	▬	....	....	....	....	▬
— *Oculus-Iridis* Ehr.	....	▬	▬	▬	▬	▬
— *stellaris* Rop.	....	....	....	....	....	▬
— *sub-bulliens* Jörg.	▬	▬	....	....	▬	....
Dactyliosolen flexuosus n. sp.	▬	....	▬	....	....	....
Eucampia antarctica (Castr.).	▬	▬	▬	....	▬	....
Fragilaria Castracanei de Toni.	▬	▬	....	....	....	....
Melosira mucosa n. sp.	....	....	▬	....	....	....
— *sphærica* Karsten.	▬	▬	▬	....	....	....
Rhizosolenia antarctica Karst.	....	▬	....	....	....	....
— *alata* var. *inermis* (Castr.).	▬	▬	....	....	....	....
— *truncata* Karsten.	▬	▬	▬	....	▬	....
Synedra spathulata Schimper.	....	▬	....	....	....	....
Thalassiosira antarctica Comber.	▬	▬	▬	....	▬	....

Pêches 34, 35, 36, 37, 38, 39.

Pêche 34. — De 0 mètre à 30 mètres. Plancton abondant.

1/2 *Asteromphalus Hookeri* Ehr.
3 *Biddulphia striata* Karsten.
1 *Chætoceros flexuosus* n. sp.
1 *Chætoceros neglectus* Karsten.
1 *Chætoceros tortissimus* Gran.
3 *Corethron Valdiviæ* Karsten.
5 *Coscinodiscus Bouvet* Karsten.
1 *Coscinodiscus Oculus-Iridis* Ehr.
1 *Coscinodiscus sub-bulliens* Jörg.
3 *Eucampia antarctica* (Castr.).
2 *Fragilaria Castracanei* de Toni.
2 *Melosira sphærica* Karsten.
1/2 *Rhizosolenia alata* var. *inermis* (Castr.).
1/2 *Rhizosolenia antarctica* Karsten.
3 *Rhizosolenia truncata* Karsten.
1/2 *Synedra spathulata* Schimper.
3 *Thalassiosira antarctica* Comber.

Pêche 35. — De 30 mètres à 60 mètres. Plancton assez abondant.

2 *Biddulphia striata* Karsten.
1/2 *Chætoceros Dichæta* Ehr.
1/2 *Chætoceros Schimperianus* Karsten.
4 *Corethron Valdiviæ* Karsten avec auxospores.
1 *Coscinodiscus Bouvet* Karsten.
1/2 *Coscinodiscus Oculus-Iridis* Ehr.
1/2 *Dactyliosolen flexuosus* n. sp.
1 *Eucampia antarctica* (Castr.).
1/2 *Melosira mucosa* n. sp.
1/2 *Melosira sphærica* Karsten.
2 *Rhizosolenia truncata* Karsten.
1 *Thalassiosira antarctica* Comber, avec jeunes colonies.

Pêche 36. — De 60 mètres à 90 mètres. Plancton très faible, presque nul.

1/2 *Chætoceros socialis* Lauder.
1 *Corethron Valdiviæ* Karsten.
1/2 *Coscinodiscus Oculus-Iridis* Ehr.

Pêche 37. — De 90 mètres à 120 mètres. Plancton très faible.

1/2 *Asteromphalus Roperianus* Ralfs.
1/2 *Biddulphia striata* Karsten.
1/2 *Chætoceros* sp.
3 *Corethron Valdiviæ* Karsten.
2 *Coscinodiscus Bouvet* Karsten.
1 *Coscinodiscus nitidus* Grg.
1 *Coscinodiscus Oculus-Iridis* Ehr.
1 *Coscinodiscus sub-bulliens* Jörg.
1/2 *Eucampia antarctica* (Castr.).
1/2 *Rhizosolenia truncata* Karsten.
1/2 *Thalassiosira antarctica* Comber.

Pêche 38. — De 120 mètres à 150 mètres. Plancton très faible.

1/2 *Asteromphalus Roperianus* Ralfs.
1/2 *Biddulphia striata* Karsten.
1/2 *Chætoceros* sp.
1 *Corethron Valdiviæ* Karsten.
1 *Coscinodiscus Bouvet* Karsten.
1/2 *Coscinodiscus anguste-lineatus* A. Schm.
1 *Coscinodiscus Oculus-Iridis* Ehr.
1/2 *Coscinodiscus stellaris* Rop.

Pêche 39. — Pêche de surface. Plancton assez abondant.

1 *Asteromphalus Roperianus* Ralfs.
1/2 *Amphiprora Œstrupi* H. V. H.
1/2 *Biddulphia polymorpha* n. sp.
5 *Biddulphia striata* Karsten.
3 *Chætoceros flexuosus* n. sp.
1/2 *Chætoceros Schimperianus* Karsten.
2 *Chætoceros socialis* Lauder.
3 *Chætoceros tortissimus* Gran.
2 *Chætoceros neglectus* Karsten.
1/2 *Chætoceros* sp.
3 *Corethron Valdiviæ* Karsten.
1 *Coscinodiscus anguste-lineatus* A. Schm.

6 *Coscinodiscus Bouvet* Karsten.
1/2 *Coscinodiscus subbulliens* Jörg.
1/2 *Dactyliosolen flexuosus* n. sp.
3 *Eucampia antarctica* (Castr.) nob.
2 *Fragilaria Castracanei* de Toni.
4 *Melosira sphærica* Karsten.
1/2 *Rhizosolenia alata* v. *inermis* (Castr.) nob.
5 *Rhizosolenia truncata* Karsten.
2 *Thalassiosira antarctica* Comber, avec colonies.

Station XIII. — Port-Circoncision, île Pétermann. Longitude G. : 66°22′ W. P. ; latitude : 65° 10′ S. 4 février 1909, 17 heures. Température de l'eau : 0°; température de l'air : + 2°,5. Vent N.-N.-E. 10.

Pêche 41. — Plancton faible.

3 *Achnanthes* sp.
1/2 *Biddulphia polymorpha* n. sp.
3 *Chætoceros* sp.
1 *Cocconeis costata* Greg.
1 *Cocconeis Heydrichii* H. V. H.
1 *Cocconeis Imperatrix* A. Schm.
1/2 *Cocconeis pellucida* Hantz.
2 *Corethron Valdiviæ* Karsten.
1 *Coscinodiscus australis* Karsten.
1/2 *Coscinodiscus chromoradiatus* Karsten.
1/2 *Coscinodiscus denarius* A. Schm.
1 *Coscinodiscus kerguelensis* Karsten.
1 *Coscinodiscus Oculus-Iridis* Ehr.
1 *Coscinodiscus radiatus* Ehr.
2 *Fragilaria Castracanei* de Toni.
1 *Licmophora Reichardtii* Grun.
3 *Fragilaria* sp.
1 *Nitzschia angustissima* H. V. H.
2 *Nitzschia Gazellæ* Karsten.
1 *Thalassiosira antarctica* Comber.

Station XIII. — 10 février 1909, 10 heures. Température de l'eau : — 0°,3 ; température de l'air : — 1°. Vent : calme.

Pêche 42. — Plancton assez abondant.

1/2 *Achnanthes* sp.
1/2 *Cocconeis costata* Greg.
6 *Corethron Valdiviæ* Karsten.
1/2 *Coscinodiscus Bouvet* Karsten.
1/2 *Coscinodiscus chromoradiatus* Karsten.
1/2 *Coscinodiscus* sp.
1/2 *Licmophora Reichardtii* Grun.
1 *Fragilaria Castracanei* de Toni.

Station XIV. — Entre les îles Pétermann et Booth-Wandel. 22 février 1909, 10 heures. Température de l'eau : 0° ; température de l'air : + 3°,1. Vent N. 12.

Pêche 43.

1/2 *Achnanthes* sp.
1/2 *Chætoceros* sp.
6 *Corethron Valdiviæ* Karsten.
1/2 *Coscinodiscus subbulliens* Jörg.
1/2 *Licmophora Reichardtii* Grun.

Station XV. — Entre Booth-Wandel et Pétermann, 22 février 1909 18 heures. Température de l'eau : 0°; température de l'air : + 3°,4.

Pêche 44.

6 *Corethron Valdiviæ* Karsten.

Station XVI. — Chenal de Lemaire, en face l'île Pétermann, 24 février 1909, 17 heures. Température de l'eau : 0° ; température de l'air : + 1°,3. Vent N.-O. 2.

Pêche 45. — Plancton récolté autour d'un iceberg.

1/2 *Chætoceros* sp.
6 *Corethron Valdiviæ* Karsten, avec auxospores et microspores.
1/2 *Fragilaria Castracanei* de Toni.
1/2 *Melosira mucosa* n. sp.
1/2 *Melosira Sol* Ehr.

Station XVII. — Chenal de Lemaire, 24 février 1909, 18 heures. Mêmes indications de température qu'à la station XVI.

6 *Corethron Valdiviæ* Karsten, avec auxospores et microspores.
1 *Coscinodiscus Bouvet* Karsten.

Station XVIII. — Chenal de Lemaire, en face Pétermann. 2 mars 1909, 14 à 16 heures. Température de l'eau : + 0°,2 ; température de l'air : + 2°,5. Calme.

Station XVIII. **2 mars 1909. Chenal de Lemaire, en face Pétermann.**									
	N° 47. Surface.	N° 48. 0 m. à 10 m.	N° 49. 10 m. à 20 m.	N° 50. 20 m. à 30 m.	N° 51. 30 m. à 40 m.	N° 52. 40 m. à 60 m.	N° 53. 60 m. à 80 m.	N° 54. 80 m. à 100 m.	N° 55. 100 m. à 120 m.
Actinoptychus undulatus Bail.	—	....	....	....	....	....	....	....	....
Achnanthes sp.	—	....	....	....	....	....	....	....	....
Biddulphia polymorpha n. sp.	—	....	—	....	....	....	....	—	—
Corethron Valdiviæ Karsten	█	█	█	█	█	█	█	█	█
Coscinodiscus Bouvet Karsten	....	....	....	....	....	....	....	—	—
— *Oculus-Iridis* Ehr	....	....	....	....	....	....	....	....	—
Fragilaria sp.	—	....	....	....	—	....	....	—	....
Licmophora Reichardtii H. V. H.	—	....	....	....	....	....	....	—	....

Pêche 47. — A la surface.

1/2 *Actinoptychus undulatus* Bail.
1/2 *Achnanthes* sp.
1/2 *Biddulphia polymorpha* n. sp.
6 *Corethron Valdiviæ* Karsten, avec auxospores.
1 *Fragilaria* sp.
1/2 *Licmophora Reichardtii* Grun.

Pêche 48. — De 0 mètre à 10 mètres.

6 *Corethron Valdiviæ* Karsten, avec auxospores et microspores.

Pêche 49. — De 10 mètres à 20 mètres.

1/2 *Biddulphia polymorpha* n. sp.
6 *Corethron Valdiviæ* Karsten.

Pêche 50. — De 20 mètres à 30 mètres.

6 *Corethron Valdiviæ* Karsten, avec auxospores et microspores.

Pêche 51. — De 30 mètres à 40 mètres.

6 *Corethron Valdiviæ* Karsten, avec de très nombreuses auxospores.
1/2 *Fragilaria* sp.

Pêche 52. — De 40 mètres à 60 mètres.

6 *Corethron Valdiviæ* Karsten, avec auxospores.

Pêche 53. — De 60 mètres à 80 mètres.

6 *Corethron Valdiviæ* Karsten, avec auxospores.

Pêche 54. — De 80 mètres à 100 mètres.

1 *Biddulphia polymorpha* n. sp.
6 *Corethron Valdiviæ* Karsten, avec auxospores.
1/2 *Coscinodiscus Bouvet* Karsten.
1/2 *Licmophora Reichardtii* Grun.

Pêche 55. — De 100 mètres à 120 mètres.

1/2 *Biddulphia polymorpha* n. sp.
6 *Corethron Valdiviæ* Karsten.
1 *Coscinodiscus Bouvet* Karsten.
1/2 *Coscinodiscus Oculus-Iridis* Ehr.

Station XIX. — Au Sud de l'île Pétermann. 4 mars 1909, 11 heures. Température de l'eau : + 0°,1 ; température de l'air : + 0°,5. Calme.

Pêche 56.

6 *Corethron Valdiviæ* Karsten.
1/2 *Fragilaria Castracanei* de Toni.
1/2 *Licmophora Reichardtii* Grun.

Station XX. — Entre Pétermann et le cap Rassmussen. 10 mars 1909, 16 heures. Température de l'eau : — 0°,3 ; température de l'air : — 0°,2.

Pêche 57. — Plancton abondant.

6 *Corethron Valdiviæ* Karsten.
1 *Fragilaria Castracanei* de Toni.

Station XXI. — En face Pétermann. 19 mars 1909, 15 à 17 heures.

Température de l'eau : — 0°,1 ; température de l'air : + 2°,6. Densité : 1,0254. Vent N.-N.-E. 12.

Pêche 58. — De 0 mètre à 20 mètres. Toutes les pêches de profondeur de 58 à 63 ont donné un plancton extrêmement faible.

4 *Corethron Valdiviæ* Karsten. | 1/2 *Coscinodiscus excentricus* Ehr.

Station XXI.
19 mars 1909. De 15 à 17 h. En face Pétermann.

	N° 58. 0 m. à 20 m.	N° 59. 20 m. à 30 m.	N° 60. 40 m. à 60 m.	N° 61. 60 m. à 80 m.	N° 62. 80 m. à 100 m.	N° 63. 100 m. à 120 m.
Biddulphia polymorpha n. sp.	....	▬	—	▬	■	▬
— *striata* Karsten	....	▬	....	....	....	....
Cocconeis costata Greg.	....	....	....	....	—	—
Corethron Valdiviæ Karsten	■	■	■	■	■	▬
Coscinodiscus Bouvet Karsten	....	....	—	....	....	....
— *chromoradiatus* Karsten	....	....	....	—	....	....
— *excentricus* Ehr.	—	....	....	....	—	....
— *kerguelensis* Karsten	....	....	....	....	....	▬
— *Oculus-Iridis* Ehr.	....	—	....	—	—	—
Melosira Sol Ehr.	....	▬	....	▬	■	■
Triceratium arcticum var. *kerguelenensis* Castr.	....	....	....	....	—	—

Pêche 59. — De 20 mètres à 40 mètres.

1 *Biddulphia polymorpha* n. sp.
1 *Biddulphia striata* Karsten.
4 *Corethron Valdiviæ* Karsten.
1/2 *Coscinodiscus Oculus-Iridis* Ehr.
1 *Melosira Sol* Ehr.

Pêche 60. — De 40 mètres à 60 mètres.

1/2 *Biddulphia polymorpha* n. sp.
4 *Corethron Valdiviæ* Karsten.
1/2 *Coscinodiscus Bouvet* Karsten.

Pêche 61. — De 60 mètres à 80 mètres.

1 *Biddulphia polymorpha* n. sp.
3 *Corethron Valdiviæ* Karsten.
1/2 *Coscinodiscus chromoradiatus* Karsten.
1/2 *Coscinodiscus Oculus-Iridis* Ehr.
1 *Melosira Sol* Ehr.

Pêche 62. — De 80 mètres à 100 mètres.

2 *Biddulphia polymorpha* n. sp.
1/2 *Cocconeis costata* Greg.
3 *Corethron Valdiviæ* Karsten.
1/2 *Coscinodiscus antarcticus*? Karsten.
1/2 *Coscinodiscus excentricus* Ehr.
1/2 *Coscinodiscus Oculus-Iridis* Ehr.
1/2 *Coscinodiscus* sp.
3 *Melosira Sol* Ehr.
1/2 *Triceratium arcticum* v. *kerguelenensis* Castr.

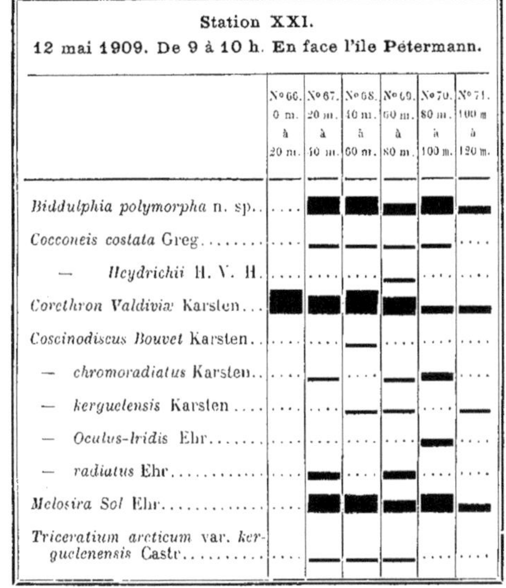

Station XXI.
12 mai 1909. De 9 à 10 h. En face l'île Pétermann.

	N° 66. 0 m. à 20 m.	N° 67. 20 m. à 40 m.	N° 68. 40 m. à 60 m.	N° 69. 60 m. à 80 m.	N° 70. 80 m. à 100 m.	N° 71. 100 m à 120 m.
Biddulphia polymorpha n. sp.	....	■	■	▬	■	▬
Cocconeis costata Greg.	....	—	—	—	—	....
— *Heydrichii* H. V. H.	....	....	....	—	....	....
Corethron Valdiviæ Karsten	■	■	■	■	▬	▬
Coscinodiscus Bouvet Karsten	....	....	—	....	....	....
— *chromoradiatus* Karsten	....	—	....	—	▬	....
— *kerguelensis* Karsten	....	....	—	—	....	—
— *Oculus-Iridis* Ehr.	....	....	....	....	▬	....
— *radiatus* Ehr.	....	▬	....	▬	....	....
Melosira Sol Ehr.	....	■	■	▬	■	▬
Triceratium arcticum var. *kerguelenensis* Castr.	....	—	—	—	....	....

Pêche 63. — De 100 mètres à 120 mètres.

1 *Biddulphia polymorpha* n. sp.
1/2 *Cocconeis costata* Greg.
2 *Corethron Valdiviæ* Karsten.
1/2 *Coscinodiscus denarius* A. Schm.
1 *Coscinodiscus kerguelensis* Karsten.
1/2 *Coscinodiscus Oculus-Iridis* Ehr.
3 *Melosira Sol* Ehr.
1/2 *Triceratium arcticum* v. *kerguelenensis* Castr., fragments.

Station XXI. — En face l'île Pétermann. 12 mai 1909, de 9 à 10 heures. Température de l'eau : — 1°,6 ; température de l'air : + 0°,3. Densité : 1,0267. Vent calme.

Pêche 66. — De 0 mètre à 20 mètres. Toutes les pêches de 66 à 71 ont donné très peu de plancton.

4 *Corethron Valdiviæ* Karsten.

Pêche 67. — De 20 mètres à 40 mètres.

3 *Biddulphia polymorpha* n. sp.
1/2 *Cocconeis costata* Greg.
3 *Corethron Valdiviæ* Karsten.
1/2 *Coscinodiscus chromoradiatus* Karsten.
1 *Coscinodiscus radiatus* Ehr.
3 *Melosira Sol* Ehr.
1/2 *Coscinosira antarctica* n. sp.
1/2 *Triceratium arcticum* v. *kerguelenensis* Castr.

Station XXIV *bis*. 3 juin 1909. De 13 à 16 h.
Chenal de Lemaire, en face Pétermann.

	N° 83. 120 m. à 100 m.	N° 84. 100 m. à 80 m.	N° 86. 60 m. à 40 m.	N° 87. 40 m. à 20 m.	N° 88. 20 m. à surface.
Biddulphia polymorpha n. sp.	—	—	—	—	....
Corethron Valdiviæ Karsten	—	—	▬	—	▬
Coscinodiscus anguste-lineatus A. Sch.	—	....	....	....	....
— *excentricus* Ehr.	—	....	....	....	....
— *kerguelensis* Karsten	—	....	....	—	....
— *Oculus-Iridis* Ehr.	—	....	....	....	....
— *radiatus* Ehr.	....	....	....	—	....
Melosira Sol Ehr.	—	—	—	—	....
Triceratium arcticum v. *kerguelenensis* Castr.	....	—	....	....	....

Pêche 68. — De 40 mètres à 60 mètres.

3 *Biddulphia polymorpha* n. sp.
1/2 *Cocconeis costata* Greg.
4 *Corethron Valdiviæ* Karsten.
1/2 *Coscinodiscus Bouvet* Karsten.
1/2 *Coscinodiscus kerguelensis* Karsten.
3 *Melosira Sol* Ehr.
1/2 *Triceratium arcticum* v. *kerguelenensis* Castr.

Pêche 69. — De 60 mètres à 80 mètres.

2 *Biddulphia polymorpha* n. sp.
1/2 *Cocconeis costata* Greg.
1/2 *Cocconeis Heydrichii* H. V. H.
3 *Corethron Valdiviæ* Karsten.
1/2 *Coscinodiscus chromoradiatus* Karsten.
1/2 *Coscinodiscus kerguelensis* Karsten.
1 *Coscinodiscus radiatus* Ehr.
2 *Melosira Sol* Ehr.
1/2 *Melosira* sp.
1/2 *Triceratium arcticum* v. *kerguelenensis* Castr.

Pêche 70. — De 80 mètres à 100 mètres.

3 *Biddulphia polymorpha* n. sp.
1/2 *Cocconeis costata* Greg.
1 *Corethron Valdiviæ* Karsten.
1 *Coscinodiscus chromoradiatus* Karsten.
1 *Coscinodiscus Oculus-Iridis* Ehr.
3 *Melosira Sol* Ehr.

Pêche 71. — De 100 mètres à 120 mètres.

1 *Biddulphia polymorpha* n. sp.
1 *Corethron Valdiviæ* Karsten.
1/2 *Coscinodiscus kerguelensis* Karsten.
1/2 *Coscinodiscus* sp.
1 *Melosira Sol* Ehr.

Station XXII. — Port-Circoncision. Ile Pétermann. 25 avril 1909, 14 heures. Température de l'eau : — 1°,9 ; température de l'air : — 1°,3. Densité : 1,0252. Vent S. 32.

Station XXIV *ter*. **26 juillet 1909. De 13 à 16 h.**
Chenal de Lemaire, en face Pétermann.

	N° 91. 100 m. à 80 m.	N° 93. 60 m. à 40 m.	N° 95. 20 m. à surface	N° 96. 110 m. à surface.
Biddulphia polymorpha n. sp.	▬	....	—	■
Corethron Valdiviæ Karsten	▬	....	▬	—
Coscinodiscus anguste-lineatus A. Sch.	....	....	—	—
— *Bouvet* Karsten	....	....	....	—
— *chromoradiatus* Karsten	....	—	....	....
— *Oculus-Iridis* Ehr	....	—	....	....
— *radiatus* Ehr	....	....	....	—
Melosira Sol Ehr	▬	....	....	■
Rhizosolenia truncata Karsten	....	....	....	—
Triceratium arcticum v. *kerguelenensis* C	....	....	....	—

Pêche 73. — Plancton sous la glace entre 9 mètres et la surface.

3 *Corethron Valdiviæ* Karsten.
1/2 *Coscinodiscus Bouvet* Karsten.
1/2 *Coscinodiscus Oculus-Iridis* Ehr.

Station XXII *bis*. — Port-Circoncision. Ile Pétermann. 27 avril 1909, 11 heures. Température de l'eau : — 1°,8 ; température de l'air : — 6°. Vent S.-S.-O. 5.

Pêche 74.

4 *Corethron Valdiviæ* Karsten.
1/2 *Chætoceros* sp.
1/2 *Fragilaria Castracanei* de Toni.

Station XXIII. — Chenal de Lemaire, en face Pétermann. 31 mai 1909, de 13 heures à 16 heures. Température de l'eau : + 1°,8 ; température de l'air : + 6°,8. Densité : 1,0267.

Pêche 77. — Plancton de profondeur, de 140 mètres à la surface.

Phytoplancton nul, zooplancton à peine appréciable.

Station XXIV. — Chenal de Lemaire, en face Pétermann. 31 mai 1909, de 20 à 22 heures. Température de l'eau : + 1°,8 ; température de l'air : + 5°,2. Vent calme.

Pêche 78. — Plancton de profondeur de 140 mètres à la surface.

1/2 *Corethron Valdiviæ* Karsten.

Pêche 79. — Plancton de profondeur de 100 mètres à la surface.

1/2 *Corethron Valdiviæ* Karsten.
1/2 *Coscinodiscus radiatus* Ehr.
1/2 *Eucampia antarctica* (Castr.) nob.

Pêche 81. — De 20 mètres à la surface.

1/2 *Biddulphia polymorpha* n. sp.
1/2 *Corethron Valdiviæ* Karsten.
1/2 *Coscinodiscus Oculus-Iridis* Ehr.
1/2 *Melosira Sol* Ehr.
1/2 *Fragilaria Castracanei* de Toni.

Station XXIV *bis*. — Chenal de Lemaire, en face Pétermann. 3 juin 1909, 13 à 16 heures. Température de l'eau : — 1°,8 ; température de l'air : — 6°,3. Densité : 1,0260. Vent N. 30.

Pêche 83. — De 120 mètres à 100 mètres.

1/2 *Biddulphia polymorpha* n. sp.
1/2 *Corethron Valdiviæ* Karsten.
1/2 *Coscinodiscus excentricus* Ehr.
1/2 *Coscinodiscus kerguelensis* Karsten.
1/2 *Coscinodiscus anguste-lineatus* A. Schm.
1/2 *Coscinodiscus Oculus-Iridis* Ehr.
1/2 *Melosira Sol* Ehr.

Pêche 84. — De 100 mètres à 80 mètres.

1/2 *Biddulphia polymorpha* n. sp.
1/2 *Corethron Valdiviæ* Karsten.
1/2 *Melosira Sol* Ehr.
1/2 *Triceratium arcticum* v. *kerguelenensis* Castr., fragments.

Pêche 86. — De 60 mètres à 40 mètres. Plancton très peu abondant.

1/2 *Biddulphia polymorpha* n. sp.
2 *Corethron Valdiviæ* Karsten.
1/2 *Melosira Sol* Ehr.

Pêche 87. — De 40 mètres à 20 mètres.

1/2 *Biddulphia polymorpha* n. sp.
1/2 *Corethron Valdiviæ* Karsten.
1/2 *Coscinodiscus kerguelensis* Karsten.
1/2 *Coscinodiscus radiatus* Ehr.
1/2 *Melosira Sol* Ehr.

Pêche 88. — De 20 mètres à la surface. Plancton presque nul.

1 *Corethron Valdiviæ* Karsten.

Station XXIV *ter*. — Chenal de Lemaire, en face Pétermann. 26 juillet 1909, 13 à 16 heures. Température de l'eau : — 1°,8 ; température de l'air : — 5°. Densité : 1,0271. Vent N.-N.-E. 4.

Pêche 91. — De 100 mètres à 80 mètres.

1 *Biddulphia polymorpha* n. sp.
2 *Corethron Valdiviæ* Karsten.
1/2 *Melosira Sol* Ehr.

Pêche 93. — De 60 mètres à 40 mètres.

1/2 *Coscinodiscus chromoradiatus* Karsten.
1/2 *Coscinodiscus Oculus-Iridis* Ehr.

Pêche 95. — De 20 mètres à la surface.

1/2 *Biddulphia polymorpha* n. sp.
1 *Corethron Valdiviæ* Karsten.
1/2 *Coscinodiscus anguste-lineatus* A. Schm.

Pêche 96. — De 140 mètres à la surface.

3 *Biddulphia polymorpha* n. sp.
1/2 *Corethron Valdiviæ* Karsten.
1/2 *Coscinodiscus Bouvet* Karsten.
1/2 *Coscinodiscus anguste-lineatus* A. Schm.
1/2 *Coscinodiscus radiatus* Ehr.
1/2 *Coscinodiscus lævis*? Karsten.
1/2 *Coscinodiscus* sp.
4 *Melosira Sol* Ehr.
1/2 *Rhizosolenia truncata* Karsten.
1/2 *Stictodiscus* sp.
1/2 *Triceratium arcticum* v. *kerguelenensis* Castr.

Station XXV. — Entre Pétermann et l'île Howgaard. 10 août 1909, 12 à 14 heures. Température de l'eau : — 1°,8 ; température de l'air : — 3°,8. Densité : 1,0270. Vent N. 11.

Pêche 97.

1/2 *Biddulphia polymorpha* n. sp.
1/2 *Corethron Valdiviæ* Karsten.
1/2 *Coscinodiscus chomoradiatus* Karsten.
1/2 *Coscinodiscus anguste-lineatus* A. Schm.
1 *Coscinodiscus radiatus* Ehr.
1 *Melosira Sol* Ehr.
1/2 *Pinnularia* sp.

Pêche 98.

1/2 *Biddulphia polymorpha* n. sp.
1/2 *Corethron Valdiviæ* Karsten.
1/2 *Coscinodiscus chromoradiatus* Karst.
1 *Coscinodiscus kerguelensis* Karst.
1/2 *Coscinodiscus anguste-lineatus* A. Schm.
1 *Coscinodiscus Oculus-Iridis* Ehr.
1 *Coscinodiscus radiatus* Ehr.
1/2 *Coscinodiscus stellaris* Rop.
3 *Melosira Sol* Ehr.

Station XXVI. — Chenal de Lemaire, en face Pétermann. 3 octobre 1909, 15 heures. Température de l'eau : + 0°,9 ; température de l'air : — 1°,2. Densité, 1,0270. Vent N.-N.-O. 39.

Pêche 100.

1/2 *Biddulphia polymorpha* n. sp.
1/2 *Biddulphia striata* Karsten.
1/2 *Cocconeis costata* Greg.
1/2 *Cocconeis Gaulieri* H. V. H.
1/2 *Corethron Valdiviæ* Karsten.
2 *Coscinodiscus chromoradiatus* Karsten.
6 *Coscinodiscus Oculus-Iridis* Ehr.
4 *Coscinodiscus stellaris* Rop.
1/2 *Fragilaria Castracanei* de Toni.

Station XXVI *bis*. — Chenal de Lemaire, en face Pétermann. 4 octobre 1909, 14 heures. Température de l'eau : — 1°,2 ; température de l'air : — 1°,4. Vent S.-S.-O. 11.

Pêche 101.

1/2 *Biddulphia polymorpha* n. sp.
1 *Biddulphia striata* Karsten.
1/2 *Chætoceros curvisetus* Cleve.
1/2 *Chætoceros curvatus* Castr.
1/2 *Cocconeis costata* Greg.
1/2 *Corethron Valdiviæ* Karsten.
2 *Coscinodiscus chromoradiatus* Karsten.
1/2 *Coscinodiscus anguste-lineatus* A. Schm.
6 *Coscinodiscus Oculus-Iridis* Ehr.
4 *Coscinodiscus stellaris* Rop.
1 *Eucampia antarctica* (Castr.) nob.
1 *Fragilaria Castracanei* de Toni.
1 *Melosira mucosa* nov. sp.
1/2 *Rhizosolenia alata* v. *inermis* (Castr.) nob.
3 *Thalassiosira antarctica* Comber.

Station XXVI *ter*. — Chenal de Lemaire, en face Pétermann. 7 octobre 1909, 9 à 11 heures. Température de l'eau : — 1°,7 ; température de l'air : — 6°,6. Vent calme.

Pêche 102. — Plancton de surface.

2 *Achnanthes* sp.
3 *Biddulphia striata* Karsten.
1/2 *Chætoceros curvatus* Castr.
1 *Chætoceros Dichæta* Ehr., 3 formes.
1/2 *Chætoceros flexuosus* n. sp.
1/2 *Chætoceros neglectus* Karsten.
1 *Chætoceros* sp.
1 *Corethron Valdiviæ* Karsten.
3 *Coscinodiscus chromoradiatus* Karsten.
1/2 *Coscinodiscus excentricus* Ehr.
6 *Coscinodiscus Oculus-Iridis* Ehr.
4 *Coscinodiscus stellaris* Rop.

2 *Coscinosira antarctica* n. sp.
2 *Eucampia antarctica* (Castr.) nob.
3 *Fragilaria Castracanei* de Toni.
1/2 *Melosira sphærica* Karsten.
1 *Nitzschia seriata* Cleve.
1 *Rhizosolenia truncata* Karsten.
1/2 *Synedra spathulata* Schimper.
3 *Thalassiosira antarctica* Comber.
1 *Thalassiothrix* sp.

Pêche 106. — De 80 mètres à 60 mètres.

Dépôt blanc floconneux dans l'alcool. Étendu d'eau, ce dépôt se dissout presque entièrement, ne laissant qu'un résidu insignifiant formé de matières inertes sans traces d'organismes.

Station XXVI *ter*. **7 octobre 1909. De 9 à 11 h.**
Chenal de Lemaire, en face Pétermann.

	N° 106. 80 m. à 60 m.	N° 108. 40 m. à 20 m.	N° 109. 20 m. à surface.
Biddulphia polymorpha n. sp.	....	....	—
— *striata* Karsten	....	....	—
Corethron Valdiviæ Karsten	....	....	▬
Coscinodiscus radiatus Ehr	....	—	■
— *stellaris* Rop	....	....	■
Coscinosira antarctica n. sp.	....	—	■
Eucampia antarctica (Castr.) nob.	....	—	▬
Fragilaria Castracanei de Toni	....	—	■
Melosira mucosa n. sp.	....	....	■
— *Sol* Ehr	....	....	—
Thalassiosira antarctica Comber	....	—	■

Pêche 108. — De 40 mètres à 20 mètres.

Dépôt blanc floconneux très abondant, presque entièrement soluble dans l'eau, ne laissant qu'un résidu de matières inertes, mélangé de quelques organismes.

1/2 *Chætoceros* sp.
1/2 *Coscinodiscus radiatus* Ehr.
1/2 *Coscinosira antarctica* n. sp.
1/2 *Eucampia antarctica* (Castr.) nob.
1/2 *Fragilaria Castracanei* de Toni.
1/2 *Thalassiosira antarctica* Comber.

Pêche 109. — De 20 mètres à la surface.

1/2 *Biddulphia polymorpha* n. sp.
1/2 *Biddulphia striata* Karsten.
1/2 *Chætoceros* sp.
1 *Corethron Valdiviæ* Karsten.
3 *Coscinodiscus radiatus* Ehr.
2 *Coscinodiscus stellaris* Rop.
2 *Coscinosira antarctica* n. sp.
1 *Eucampia antarctica* (Castr.) nob.
3 *Melosira mucosa* n. sp.
1/2 *Melosira Sol* Ehr.
2 *Fragilaria Castracanei* de Toni.
2 *Thalassiosira antarctica* Comber.

Station XXVII. — Admiralty-bay, île du Roi-George, Shetlands du Sud. 24 décembre 1909, 16 heures. Longitude G. : 60°55′ W. P.; latitude : 62°12′ S.

Pêche 112.

1/2 *Achnanthes* sp.
6 *Corethron Valdiviæ* Karsten.
1/2 *Coscinodiscus* sp.
1/2 *Fragilaria* sp.

Station XXVIII. — Longitude G. : 102°09′ W. P.; latitude : 69° 20′ S. 16 janvier 1910, 11 heures. Température de l'eau : — 0°,9 ; température de l'air : + 3°,1. Densité : 1,0267. Vent E.-S.-E. 15.

Pêche 114.

1 *Asteromphalus Roperianus* Ralfs.
1 *Biddulphia striata* Karsten.
3 *Chætoceros criophilus* Castr.
3 *Chætoceros Dichæta* Ehr., 3 formes.
1/2 *Chætoceros atlanticus* Cleve.
1/2 *Chætoceros neglectus* Karsten.
1/2 *Chætoceros flexuosus* n. sp.
3 *Chætoceros Schimperianus* Karsten.
1/2 *Chætoceros forcipatus* n. sp.
5 *Corethron Valdiviæ* Karsten.
1/2 *Coscinodiscus minimus*? Karsten.
1/2 *Coscinodiscus Oculus-Iridis* Ehr.
2 *Dactyliosolen* sp.
2 *Eucampia antarctica* (Castr.) nob.
2 *Fragilaria Castracanei* de Toni.
1 *Nitzschia Closterium*? W. Sm.
1 *Nitzschia seriata* Cleve.
1/2 *Rhizosolenia alata* v. *inermis* (Castr.) nob.
1/2 *Rhizosolenia semispina* Hensen.
2 *Rhizosolenia polydactyla* Castr.
1/2 *Rhizosolenia truncata* Karsten.
3 *Synedra Reinboldii* H. V. H.
Péridiniens assez nombreux :
Peridinium applanatum n. sp.
Peridinium sp.

Pêche 115.

1/2 *Amphiprora Œstrupi* H. V. H.
1/2 *Asteromphalus Roperianus* Ralfs.
1/2 *Biddulphia striata* Karsten.
1 *Chætoceros atlanticus* Cleve.
3 *Chætoceros criophilus* Castr.
2 *Chætoceros curvatus* Castr.
4 *Chætoceros Dichæta* Ehr., 3 formes.
1 *Chætoceros flexuosus* n. sp.
1 *Chætoceros forcipatus* n. sp.
1/2 *Chætoceros neglectus* Karsten.
2 *Chætoceros Schimperianus* Karsten.
4 *Corethron Valdiviæ* Karsten.
1/2 *Coscinodiscus Oculus-Iridis* Ehr.
3 *Dactyliosolen flexuosus* n. sp.
2 *Eucampia antarctica* (Castr., nob.
3 *Fragilaria Castracanei* de Toni.
1/2 *Rhizosolenia antarctica* Karsten.
1/2 *Nitzschia seriata* Cleve.
1 *Rhizosolenia alata* v. *inermis* (Castr.) nob.
1/2 *Rhizosolenia semispina* Hensen.
1/2 *Rhizosolenia polydactyla* Castr.
1/2 *Rhizosolenia truncata* Karsten.
2 *Synedra Reinboldii* H. V. H.

Station XXIX. — Longitude G. : 106°50′ W. P. ; latitude : 69°36′ S. 17 janvier 1910, 11 h. 30. Température de l'eau : — 1°,2 ; température de l'air : — 0°,6. Densité : 1,0267. Vent N. 9.

Pêche 117.

La pêche conservée dans l'alcool présente des fragments volumineux d'un précipité blanc qui se dissocient par l'agitation en fins grumeaux.

Traités par l'eau, ces grumeaux se dissolvent et laissent apparaître un dépôt floconneux.

1 *Achnanthes* sp.
1/2 *Amphiprora Œstrupi* H. V. H.
3 *Asteromphalus Hookeri* Ehr.
1 *Biddulphia striata* Karsten.
1 *Chætoceros atlanticus* Cleve.
3 *Chætoceros criophilus* Castr.
4 *Chætoceros Dichæta* Ehr., 3 formes.
2 *Chætoceros curvatus* Castr.
1 *Chætoceros neglectus* Karsten.
1/2 *Chætoceros flexuosus* n. sp.
1/2 *Chætoceros forcipatus* n. sp.
1/2 *Chætoceros Radiculum* Castr.
1/2 *Chætoceros tortissimus* Gran.
4 *Corethron Valdiviæ* Karsten.
1 *Coscinodiscus australis* Karsten.
1 *Coscinodiscus chromoradiatus* Karsten.
1 *Coscinodiscus Oculus-Iridis* Ehr.
1 *Coscinodiscus stellaris* Rop.
3 *Dactyliosolen flexuosus* n. sp.
2 *Eucampia antarctica* (Castr.) nob.
1 *Fragilaria Castracanei* de Toni.
3 *Guinardia* sp.
1/2 *Licmophora Reichardtii* Grun.
2 *Nitzschia Closterium* W. Sm.
3 *Nitzschia Gazellæ* Karsten.
3 *Nitzschia seriata* Cleve.
3 *Synedra Reinboldii* H. V. H.
1/2 *Rhizosolenia antarctica* Karsten.
2 *Rhizosolenia polydactyla* Castr.
2 *Rhizosolenia alata* v. *inermis* (Castr.) nob.

Station XXX. — Longitude G. : 120°50′ W. P. ; latitude : 69°40′ S. 21 janvier 1910, 10 heures. Température de l'eau : — 1°,2 ; température de l'air : — 1°,1. Densité : 1,0265. Vent S. 30.

Pêche 119.

1 *Asteromphalus Hookeri* Ehr.
1/2 *Biddulphia striata* Karsten.
3 *Chætoceros criophilus* Castr.
1 *Chætoceros Dichæta* Ehr.
3 *Corethron Valdiviæ* Karsten.
1/2 *Coscinodiscus excentricus* Ehr.
1 *Coscinodiscus chromoradiatus* Karsten.
1/2 *Coscinodiscus kerguelensis* Karsten.
5 *Coscinodiscus Oculus-Iridis* Ehr.
1 *Coscinodiscus radiatus* Ehr.
4 *Coscinodiscus subbulliens* Jörg.
1 *Fragilaria Castracanei* de Toni.
1 *Rhizosolenia Rhombus* Karsten.
1 *Rhizosolenia polydactyla* Castr.
1/2 *Rhizosolenia semispina* Hensen.
2 *Synedra Reinboldii* H. V. H.

On a rencontré un certain nombre de Péridiniens dans cette pêche :

1/2 *Dinophysis* sp.
2 *Peridinium applanatum* n. sp.
1 *Peridinium* sp.

II. — OBSERVATIONS SPÉCIALES.

Nous passerons successivement en revue les espèces les plus intéressantes récoltées au-dessous du 65° de latitude sud jusqu'au 70°, sauf pour la pêche 112, station XXVII, dont la latitude est de 62° 12′ S.

DIATOMACÉES

BIDDULPHIA

Ce genre est représenté par deux espèces, le *Biddulphia striata* Karsten et le *Biddulphia polymorpha* nov. sp.

Biddulphia striata Karsten.

Das Phytoplankton des antarktischen Meeres nach der Material der Deutsch. Tiefsee Expedition 1898-1899, 1905. Texte, p. 122 ; Pl. XVII, fig. 2, 3 *a*, 3 *b*.

Cette espèce a été rencontrée dans trois stations de l'expédition de la « Valdivia », à Kerguelen, bassin de la « Gazelle », puis plus au Sud, à 63° 32′ de latitude. D'après Karsten, qui a créé l'espèce, les cellules sont libres et nageantes.

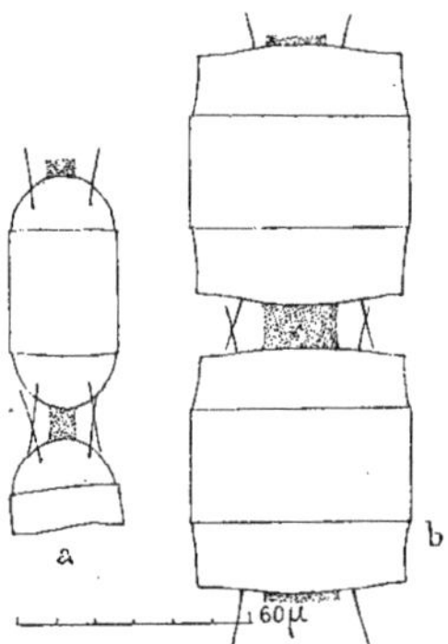

Fig. 1. — *Biddulphia striata* vu par la face connective : *a*, parallèlement au petit axe transversal ; *b*, parallèlement au grand axe ; montrant le cordon muqueux qui relie les individus.

Dans la deuxième expédition antarctique française, le *B. striata* est une des formes caractéristiques du plancton, car il a été rencontré dans les stations de I à XI et de XXVI à XXX, parfois en assez grande abondance.

Là où il est assez fréquent, les individus sont réunis en chaînes courtes, de 2, 3 ou 4 individus, par un large cordon mucilagineux ; c'est seulement plus tard, après la dissolution de ce cordon de mucilage, que les cellules deviennent libres (fig. 1).

Fréquent du mois d'octobre 1908 au début de février 1909, absent depuis février jusqu'en octobre 1909 ; de nouveau fréquent d'octobre 1909 au 17 juin 1910, le *B. striata* paraît être une espèce estivale de l'Antarctique.

Biddulphia polymorpha n. sp.

Cette espèce a d'abord été rencontrée par individus isolés et assez rares. Les formes qu'ils présentent ne sont pas figurées dans le travail de Castracane sur l'expédition du « Challenger », ni dans le travail de Karsten concernant le plancton antarctique récolté par la « Valdivia ». Mais, dans le mémoire de Van Heurck, qui donne le résultat de l'examen des boues de sondage de la « Belgica », j'ai retrouvé la plupart de ces formes, les unes couvertes d'épines à cornes plus ou moins saillantes : *B. Otto-Mülleri* H. V. H. ; *B. anthropomorpha* H. V. H. et *B. Otto-Mülleri* var. *rotundata* ; d'autres couvertes de ponctuations : *B. punctata* Grev., *B. punctata* var. *subtriundulata* et *B. punctata* var. *subaurita* ; d'autres enfin à valves transparentes dépourvues d'épines et de ponctuations : *B. translucida*.

L'examen des pêches de profondeur de la station XXI, où cette espèce est particulièrement abondante, de 20 mètres à 100 mètres, montre que les différents individus sont réunis par couples ou bien sont isolés. Ceux qui sont isolés présentent deux valves ordinairement différentes, parce qu'elles sont d'âge inégal ; la plus jeune est encore enfermée dans les débris de l'ancienne valve de la cellule mère qui a été détachée. Sur ces individus isolés, on observe toutes les formes de valves et toutes les variétés de sculptures sur lesquelles Van Heurck s'est fondé pour désigner les sept ou

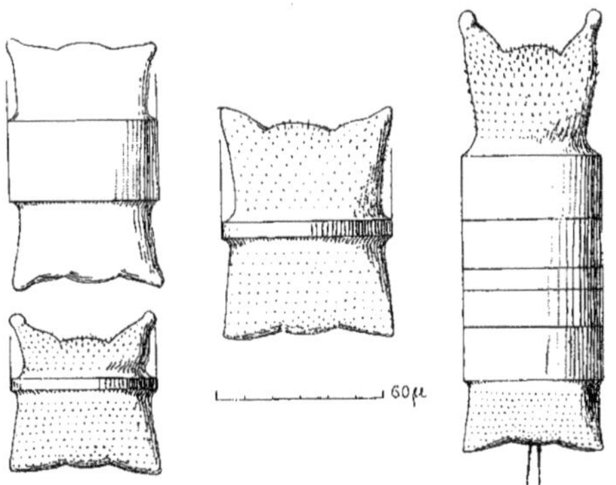

Fig. 2. — *Biddulphia polymorpha* nov. sp. — Formes diverses à valves lisses, ponctuées ou à peine épineuses.

huit espèces ou variétés qu'il a distinguées et figurées (fig. 2, 3, 4).

Tantôt l'une des valves est lisse et l'autre munie de ponctuations très légères et à peine saillantes; les cornes qui terminent les valves et entre

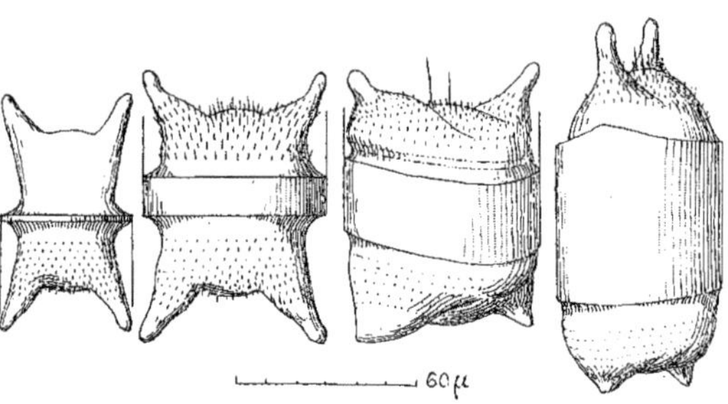

Fig. 3. — *Biddulphia polymorpha* nov. sp. — Formes à valves ponctuées ou épineuses.

lesquelles se trouve un mamelon sur lequel sont insérées, quand elles existent, les deux grandes épines, sont plus ou moins développées.

Chez d'autres individus (fig. 2), l'une des valves est munie de ponctuations et l'autre, plus jeune, présente des ponctuations plus accentuées au centre desquelles se montre un mucron qui est la première ébauche des épines.

Enfin, il existe aussi de nombreuses formes dont l'une des valves présente de courtes épines et l'autre des épines plus accentuées, régulièrement disposées à partir d'une certaine distance de la ceinture médiane ; les épines sont de plus en plus fortes à mesure qu'on s'écarte de cette ceinture et elles sont toujours légèrement inclinées en dehors (fig. 3 et 4).

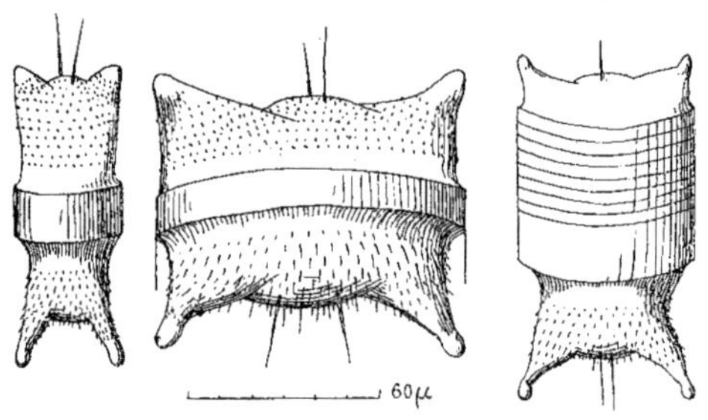

Fig. 4. — *Biddulphia polymorpha* nov. sp. — Formes à valves fortement épineuses.

Ainsi, parmi tous ces individus à valves inégales, on passe insensiblement des formes à valves lisses (*B. translucida*) aux formes à valves ponctuées (*B. punctata* et variétés) et de ces dernières aux formes à valves épineuses (*B. Otto-Mülleri*, *B. anthropomorpha*, etc.).

Aussi, lorsque van Heurck écrivait (1), à propos du *Biddulphia obtusa* : « ... On remarquera que l'une des valves de la figure 133 porte des épines et que l'autre n'en a pas, mais que cette dernière a des granules plus serrés. Encore une preuve de l'infinie variation que l'on trouve chez une même espèce, » il ne supposait pas, à cause de l'imperfection des matériaux dont il disposait, que cette « infinie variation » devait conduire à réunir en une espèce unique, le *Biddulphia polymorpha*, toutes les espèces et les variétés qu'il avait distinguées.

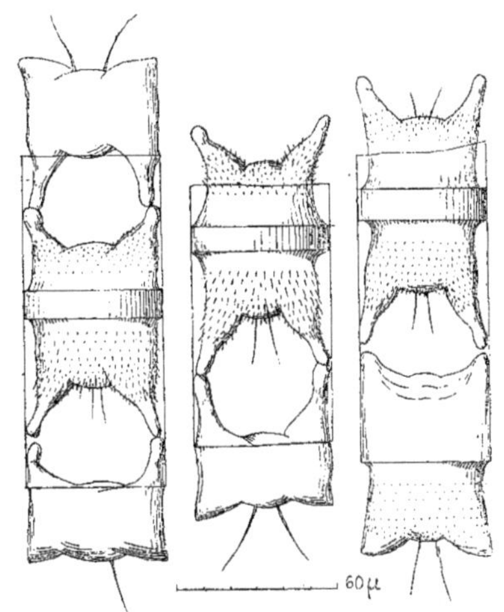

Fig. 5. — *Biddulphia polymorpha* nov. sp. — Individus accouplés présentant tous les intermédiaires entre les formes lisses et les formes épineuses.

C'est là, en effet, la conclusion de l'examen rapide que je viens de faire pour tous ces individus isolés à valves dissemblables.

S'il restait encore dans l'esprit du lecteur une incertitude, elle serait dissipée par l'examen des individus encore accouplés que l'on rencontre en grand nombre dans les pêches 67 à 70 de la station XXI (fig. 5).

Là, sur deux ou trois individus, on peut apercevoir dans la même enveloppe toutes les formes et les diverses sculptures des valves. Les figures sont suffisamment nettes pour qu'il ne soit pas nécessaire de les analyser. On remarquera, en outre, des déformations singulières des valves à membrane transparente et dépourvue d'ornements (fig. 6 et 7). J'avais cru

(1) H. van Heurck, *loc. cit.*, p. 40.

d'abord que ces valves anormales représentaient la membrane des auxospores après que le contenu a récupéré son volume normal ; mais, comme ces modifications s'observent chez des individus de diamètre très différent, cette hypothèse ne saurait être admise.

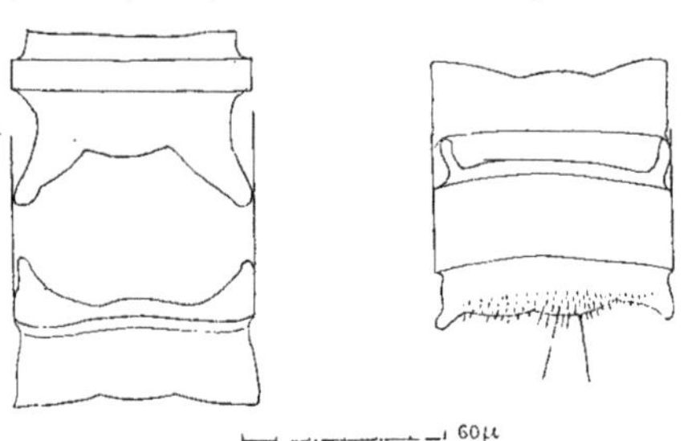

Fig. 6. — *Biddulphia polymorpha* n. sp. — Formes anormales des valves terminales.

Dans les descriptions précédentes, nous avons vu que ce sont les valves les plus jeunes de chaque individu qui présentent les ornements les plus développés ; cela n'est pas constant, car sur les individus accouplés on voit souvent une valve plus jeune rétrograder vers les formes les plus simples au point de vue des sculptures.

Dans chaque individu, vu par la face connective, on distingue trois parties : aux extrémités, les deux valves avec leurs cornes plus ou moins développées, dépassant à peine le mamelon central ou devenant très saillantes ; entre les deux valves, il existe une ceinture médiane plus ou moins proéminente et régulièrement cylindrique ; elle est dépourvue d'ornements ou garnie de très fines ponctuations. La largeur de cette ceinture est variable (fig. 2 et 3) ; tantôt elle est très étroite et forme à peine une mince crête saillante au milieu de l'individu (sa largeur est à peine de 2 ou 3 μ) ; le plus souvent elle s'élargit beaucoup pour atteindre 10, 20 et même 30 μ, c'est-à-dire la moitié de la longueur des individus ; elle est alors très

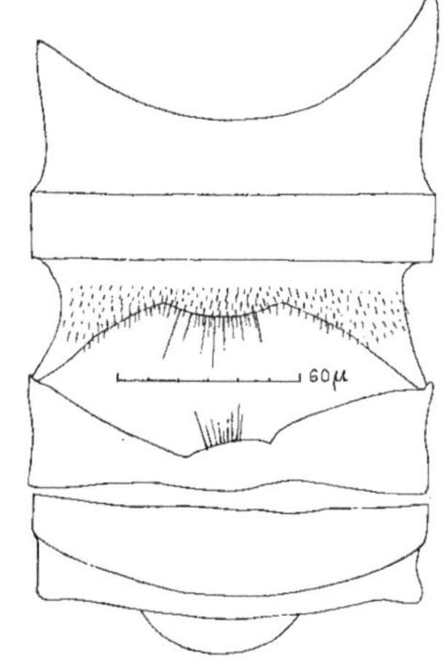

Fig. 7. — *Biddulphia poylmorpha* n. sp. — Formes anormales des valves.

nettement articulée et formée d'anneaux successifs régulièrement espacés ou de largeur inégale ; ce sont les bandes intercalaires qui, chez un grand nombre d'espèces, favorisent l'allongement de l'individu suivant la direction perpendiculaire aux valves.

Pour expliquer, dans une espèce déterminée, l'existence de valves différentes, on a invoqué l'influence saisonnière et distingué des valves d'hiver et des frustules d'été ; il ne semble pas que l'influence saisonnière intervienne dans le polymorphisme de l'espèce que nous décrivons, car c'est une espèce essentiellement hivernale dans l'Antarctique.

Voici la diagnose du *Biddulphia polymorpha* n. sp. Synonymes : *Biddulphia punctata* Grev. var. ; *B. anthropomorpha* H. V. H., Pl. X, fig. 134, 125, Pl. X, fig. 136-137 ; *B. Otto-Mülleri* H. V. H., Pl. X, fig. 138, 142 ; *B. punctata* Grev. var. *subtriundulata*, Pl. X, fig. 139, 140 ; *B. punctata* Grev. var. *subaurita* H. V. H., Pl. X, fig. 141 ; *B. translucida* H. V. H., Pl. X, fig. 144-145 (*B. Kemmae*).

Valvis ellipticis parte connectivali, cingulæ plus minus prominulæ ope, conjunctis ; valvarum apicibus umbone et processubus duobus aut cornubus vix umbonem centralem adæquantibus vel elongatis plus minus divergentibus præditis ; cingula connectivali media lævi tenuinervi punctata angusta vel lata annulos incrementi intercalares distinctos præbente ; valvarum ornamentis variis et tunc punctis, tunc spinis plus minus evolutis apicem valvarum versus inclinatis efformatis ; frustulis liberis vel conjunctis sæpius valvis dissimilibus constitutis 60-150 µ, 40-180 µ (absque cornubus) ; latis 40-60 µ.

In mare antarctico 65 inter et 70° lat. austr.

Le *B. polymorpha* a été rencontré dans un assez grand nombre de stations : II, IX, XI, XII, XIII, XVIII, XXI et de XXIV à XXVI. Peu abondant dans les pêches de surface, il était assez fréquent dans la station XXI, où, absent à la surface, il existe dans les diverses pêches des 19 mars (59 à 63) et 12 mai 1909 (67 à 71) pratiquées de 20 mètres à 120 mètres (Tableau p. 13).

Dans la même station, pêches du 3 juin 1909, il était aussi absent à la surface de 20 mètres à 0 et fut rencontré jusqu'à 120 mètres, mais en plus petite quantité qu'au 12 mai 1909.

CHÆTOCEROS Ehr.

Nous employons pour ce genre l'orthographe d'Ehrenberg, qui l'a créé, nous estimons que, malgré les incorrections d'un nom générique ou spécifique donné par un auteur, ce nom doit être scrupuleusement respecté.

Le genre *Chætoceros* est représenté dans les récoltes de la deuxième expédition antarctique française et dans la région comprise entre le 62° et le 70° de latitude Sud, par une douzaine d'espèces, dont trois sont communes avec la région arctique.

Leur distribution générale est irrégulière : absents ou extrêmement rares de la station IV à la station XI (Voir les tableaux Pl. II), puis de la station XIII à la station XXVI, les *Chætoceros* sont richement représentés dans les stations XXVIII à XXX.

Chætoceros atlanticus Cleve.

Cette espèce, type de la section des *Atlanticæ* d'Ostenfeld, réunit un certain nombre de formes considérées comme espèces ou variétés distinctes :

Chætoceros atlanticus Cleve, 1873, *On Diatoms from the Arctic Sea*, p. 11, Pl. II, fig. 8 *a-b*. — Cleve et Grunow, 1880, Beiträge zur Kenntniss der arctischen Diatomeen, p. 121 (*Kongl. svenska Vet. Akad. Handl.*, t. XVII).

Ch. atlanticus var. *genuina* Cleve, *loc. cit.*, fig. 8 *a*.

Ch. atlanticus var. *attenuata* Cleve, *loc. cit.*, fig. 8 *b*. — In Cleve und Möller, *Diatom.*, n° 118, de l'Océan arctique et n° 125, des mers glaciales antarctiques.

Ch. atlanticus var. *tumescens* Grunow in van Heurck, *Synopsis*, 1882, Pl. LXXXI, fig. 6 ; rare in Cleve und Möller, *Diatom.*, n° 125, de la mer glaciale antarctique.

Chætoceros dispar Castr. 1886, *Report of the Chall. Exped.*, *Bot.*, t. II, p. 76, Pl. VIII, fig. 6.

Chætoceros compactus Schütt, 1895, Arten von *Chætoceros* und *Peragallia* (*Bericht. d. deuts. Bot. Gesellsch.*, XII, p. 46, Pl. V, fig. 23).

Chætoceros audax Schütt, *loc. cit.*, Pl. V, p. 25 *a-b*.

Chætoceros atlanticus f. *audax* Gran, 1904, *Die Diatomeen der arktischen Meer*, p. 529, Pl. XVII, fig. 8.

D'après Cleve (1), le créateur de l'espèce, il faut aussi rapporter au *Ch. atlanticus* les formes suivantes, en outre des *Ch. audax*, *compactus* signalés plus haut :

Ch. atlanticus var. *exigua* Cleve, *A Treatise Phytoplankton of the Atlantic and its Tributaries*, Upsal, 1897, p. 20, Pl. I, fig. 9.

(1) Cleve, Plankton from the southern Atlantic and the southern Indian Ocean (*Kongl. Vetens. Akad. Förhand.*, 1900, n° 8, p. 928).

Ch. Skeleton Schütt, *loc. cit.*, p. 45, Pl. V, fig. 19.

Ch. polygonus Schütt, *loc. cit.*, p. 46, Pl. V, fig. 24.

Ch. neapolitanus Schröder, 1900, *Phytoplankton des Golfes von Neapel*, p. 29, Pl. I, fig. 4.

Il paraît difficile de s'orienter au milieu de ce dédale de formes, d'une part à cause des diagnoses souvent imprécises et, d'autre part, à cause du défaut de concordance des dessins fournis pour la même espèce ou la même variété par des auteurs différents (1) (fig. 8). Nous allons essayer de mettre un peu d'ordre dans ce chaos.

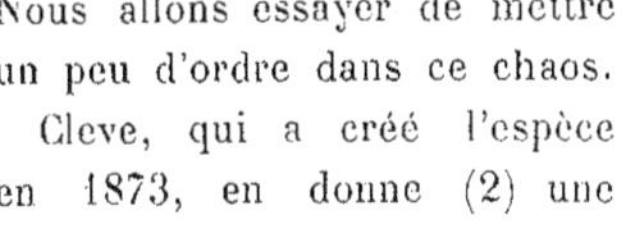
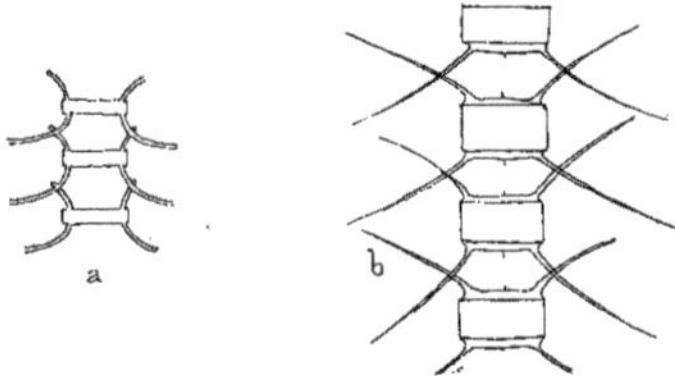

Fig. 8. — *a. Ch. Skeleton*, d'après Schütt ; *b*, Le même d'après Cleve.

Cleve, qui a créé l'espèce en 1873, en donne (2) une description traduite par de Toni dans le *Sylloge Algarum* (3) et que nous reproduisons :

« Frustulis compressis, 34 μ longis, 17 μ latis, valvis e facie connectivali visis profunde concavis et in cornua ad 220 μ longa leniter incurva et etiam ultra medio crassiora dense transverse striata (striis circ. 20 in 10 μ) seriesque 4 spinarum majorum (circ. 2 1/2 in 10 μ) præbentia abeuntibus ; centro valvæ sæpe spina minuta instructo. »

Un peu plus tard Cleve et Grunow (4) distinguent, à côté du type, var. *genuina*, dont la diagnose vient d'être rappelée et qui est représenté Pl. XI, fig. 86, deux variétés : *Ch. atlanticus* var. *attenuatus*, *Ch. atlanticus* var. *tumescens*, qui diffèrent du type par le renflement des cornes. Dans le type, ce renflement, situé vers le milieu, s'atténue régulièrement à la fois vers l'extrémité libre des cornes et vers la base d'insertion, tandis que, dans les deux variétés, le renflement, plus ou moins considérable et voisin de la base, s'atténue régulièrement vers le sommet.

Les dessins de Cleve (fig. 8 *a*, Pl. II) pour la première variété, de Grunow

(1) La confusion qui règne sur ce point est rendue sensible si l'on compare la figure du *Ch. Skeleton* donnée par Schütt (*loc. cit.*, Pl. V, fig. 24) avec celle donnée par Cleve (*loc. cit. A Treatise Phytopl.*, Pl. II, fig. 3).

(2) Cleve, *loc. cit.*, 1873, Pl. II, fig. 8 *a*, 8 *b*, p. 11.

(3) De Toni, *Sylloge Algarum*, II, Bacillarieae, p. 993, n° 21.

(4) Cleve et Grunow, *loc. cit.*, 1880, p. 121.

(in *Synopsis* van Heurck, Pl. LXXXI, fig. 6), caractérisent bien ces formes. J'ai d'ailleurs reproduit les dessins des formes renfermées dans la collection de Diatomées de Cleve et Möller.

La figure 9 représente les échantillons de la préparation n° 125 étiquetés *Ch.* (*atlanticus* Cl. var.) *antarcticus* Grun. Ce sont des fragments de chaînes réduites à deux individus avec des cornes

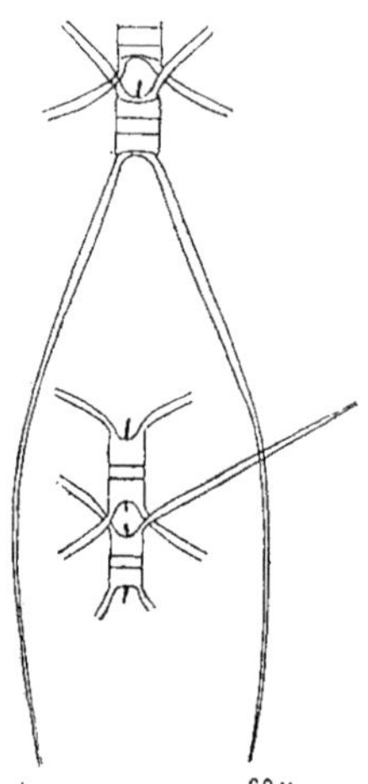

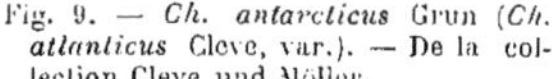

Fig. 9. — *Ch. antarcticus* Grun (*Ch. atlanticus* Cleve, var.). — De la collection Cleve und Möller.

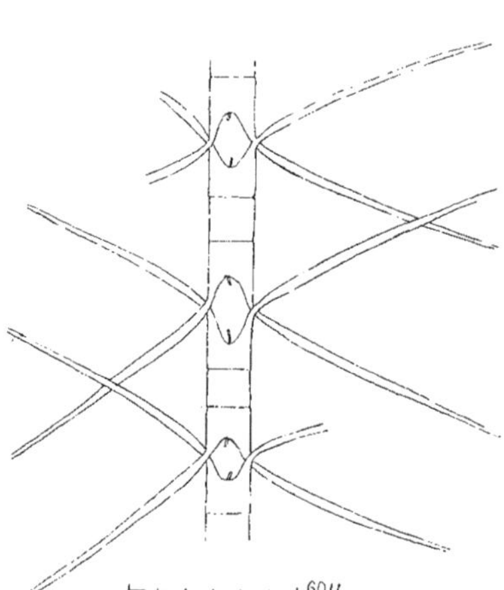

Fig. 10. — *Ch. atlanticus*. — De la collection Cleve und Möller n° 118.

plus ou moins brisées ; celles qui restent suffisent pour vérifier le caractère constant d'un renflement situé à une faible distance du point d'insertion. L'une des figures montre l'extrémité d'une chaîne avec deux cornes terminales ; la ressemblance de cette partie avec le dessin donné par Gran de la forme *audax* confirme l'opinion que cette forme ne peut être séparée du *Ch. atlanticus* non seulement comme espèce, ainsi que Schütt l'indique, mais même comme simple variété.

La figure 10 représente une chaîne plus longue d'individus, à frustules robustes, de la préparation n° 118 (Cleve et Möller, *Diatom.*) étiquetée *Ch. atlanticus*.

Il ne semble pas, d'après ces documents, que la distinction des variétés faites par Cleve et Grunow soit bien justifiée ; comme on ignore encore les limites des variations morphologiques individuelles, il est prudent de les considérer comme de simples formes du type.

Le *Ch. dispar* décrit par Castracane (1) doit être rapporté au *Ch. atlanticus*, bien que l'épine située au centre de la partie concave des valves soit absente ; par contre le renflement des cornes à peu de distance de l'insertion de celles-ci est beaucoup plus accentué.

J'ai rencontré le *Ch. atlanticus* dans les stations XXVIII, n°s 114 et 115,

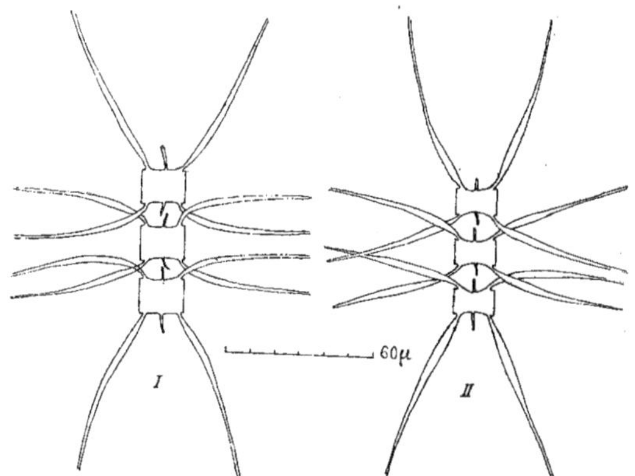

Fig. 11. — *Ch. atlanticus* Cleve. — I, échantillon de la pêche 114 ; II, échantillon de la pêche 117.

et XXIX, n° 117. La figure 11 donne l'aspect des chaînes de trois individus, l'une I provenant de la pêche 114, l'autre II de la pêche 117.

Les individus sont plus larges que longs. Dans l'un les dimensions sont respectivement 14 μ et 7 μ, dans l'autre 17 μ et 12 μ ; chez l'espèce type et chez les variétés que nous avons signalées, c'est l'inverse qui a lieu [8, 5 et 17 (fig. 9), 30 à 35 μ et 14 μ (fig. 10)]. Mais il ne faut pas attacher à la valeur du rapport entre l'axe longitudinal et l'un des axes transversaux une grande importance, car ce rapport est souvent plus grand ou plus petit que l'unité suivant que les individus sont observés avant ou après la division.

Ce qui est beaucoup plus remarquable chez les individus que j'ai ren-

(1) Castracane, *loc. cit.*, p. 76. Pl. VIII, fig. 6.

contrés dans les pêches au voisinage du 70° de latitude sud, c'est la dilatation considérable des cornes à peu de distance du point d'insertion ; Karsten avait déjà marqué ce caractère (1) qui distinguerait assez bien les formes antarctiques des formes arctiques de la même espèce et qui autoriserait à séparer les premières des secondes sous le nom de *Ch. atlanticus* var. *antarctica*.

Quant à l'épine située au centre de la partie externe et concave des valves, qui constitue, par sa présence, un des caractères de la section des *Atlanticæ*, elle est variable. Très développée chez les individus que j'ai observés, où sa longueur varie de 4 à 9 μ, elle est tantôt dirigée suivant l'axe de la chaîne et tantôt déjetée ou courbée ; sa courbure variable montre qu'elle est faiblement ou pas du tout silicifiée, en tout cas elle est très fragile ; c'est pourquoi elle disparaît chez les échantillons desséchés ou souvent calcinés. On s'explique ainsi que Castracane ne l'ait pas figurée chez le *Ch. dispar* et qu'elle apparaisse petite ou rudimentaire chez certains individus, parce qu'elle a été brisée.

Nous devons signaler aussi chez les formes observées dans l'Antarctique l'absence de divisions transversales chez les individus, tandis que chez les formes décrites par Cleve, Castracane, Grunow, la ceinture moyenne, plus ou moins large, est nettement séparée des valves par un sillon parfois très profond. Cette différence pourrait être prise en considération au point de vue systématique si, comme je le crois, elle n'était due au mode de préparation et d'examen des pêches. Tandis que les auteurs précités examinent des pêches qui ont été calcinées et dépouillées de leur contenu, puis conservées dans le baume du Canada ou préparées à sec, j'ai procédé à l'examen sur des matériaux fixés conservés dans l'eau glycérinée, qui reprennent dans ce liquide leur turgescence normale.

Nous venons d'examiner toutes les formes qui doivent être rattachées à l'espèce unique *Chætoceros atlanticus* Cleve et qui répondent dans leurs traits généraux à la diagnose que nous avons rappelée.

Cette espèce aurait la synonymie suivante :

Chætoceros atlanticus Cleve ; *Ch. atlanticus* var. *attenuata* Cleve ;

(1) Karsten (G.), *Das Phytoplankton des antarktischen Meeres nach dem Material der deutschen Tiefsee-Expedition 1898-1899*, 1905, p. 115, t. XV, fig. 9, 9 c; t. XVI, fig. 1.

Ch. atlanticus var. *tumescens* Grunow ; *Ch. dispar* Castr. ; *Ch. audax* Schütt ; *Ch. atlanticus* f. *audax* Gran ; *Ch. femur* Schütt.

D'autres formes ont été rapprochées par Cleve du *Ch. atlanticus*, dont elles constitueraient des variétés. Ce sont, d'une part, *Ch. compactus* Schütt, et, d'autre part, *Ch. skeleton* Schütt ; *Ch. polygonus* Schütt ; *Ch. neapolitanus* Schröder. Le *Ch. compactus* Schütt, tel qu'il a été décrit par son auteur (1), présente des cornes épaisses et de diamètre uniforme ; la dilatation caractéristique de *Ch. atlanticus* manque complètement. Lorsque Schütt écrit que « *Ch. compactus* est semblable à *Ch. atlanticus* et se distingue de lui par les formes cellulaires courtes », il méconnaît le caractère fondamental du *Ch. atlanticus*. Gran a aussi commis la même erreur de similitude, car le dessin original qu'il donne (2) pour cette dernière espèce est très semblable à celui du *Ch. compactus* et se trouve en désaccord avec la diagnose et les dessins de Cleve.

On devra conserver *Ch. compactus* Schütt comme une espèce distincte dont la position dans la série des *Atlanticæ* est encore incertaine.

Les *Ch. skeleton* Schütt et *Ch. polygonus* n'ont, pas plus que le *Ch. compactus*, de caractères communs avec *Ch. atlanticus* ; je ne puis comprendre comment Cleve (3) a pu les rapprocher de cette dernière espèce, après avoir figuré le *Ch. skeleton* (4) sous une forme qui ne rappelle en rien le dessin de Schütt. On se rendra compte de cette discordance en comparant les dessins de ces deux auteurs que j'ai reproduits (fig. 12).

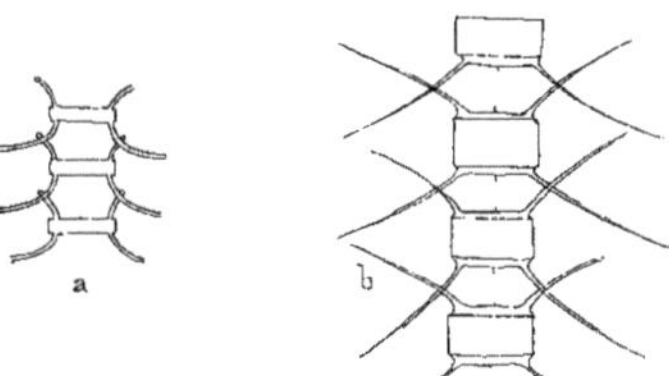

Fig. 12. — *Chætoceros skeleton*. — Aspect de cette espèce représentée en *a*, par Schütt : en *b*, par Cleve.

Gran n'admet pas la distinction faite par Schütt entre le *Ch. skeleton* et le *Ch. polygonus* ; il rejette le premier nom et conserve le second pour en faire une espèce distincte et ne discute pas la question soulevée par Schütt de la ressemblance du *Ch. polygonus* avec le *Ch. Dichæta*.

(1) Schütt, Arten von Chaetoceras und Peragallia, p. 46, Pl. V, fig. 23.
(2) Gran (H.-H.), *Nordisches Plankton. Diatomeen*, p. 64, fig. 74.
(3) Cleve, *Plankton from the Southern Atlantic*, etc., 1900, p. 928.
(4) Cleve, *A Treatise of the Phytoplankton*, etc., *loc. cit.*, 1897, Pl. II, fig. 3.

Nous conserverons encore provisoirement le *Ch. polygonus*, dont les affinités sont incertaines ; nous verrons plus loin qu'il pourrait être rapproché du *Ch. Dichæta lata*.

Dans la pêche 117, station XXIX, j'ai rencontré une forme rappelant le *Ch. (skeleton) polygonus* Cleve, mais s'en distinguant par l'absence de la petite épine située au centre des valves, qui sont légèrement bombées.

Quant au *Ch. neapolitanus*, son allure générale rappelle, mieux que les espèces précédentes, le *Ch. atlanticus* ; il convient toutefois de la maintenir aussi provisoirement à part ; nous ne comprenons pas les raisons invoquées par Cleve pour y rattacher la var. *exigua*, trop incomplètement décrite.

Chætoceros criophilus Castr.

Castr. 1886. *Report of the Chall. Exp., Bot.*, t. II, p. 78, avec figure dans le texte.
Ch. peruvianus Vanhöffen 1897, *Die Fauna und Flora Grönlands*, p. 260, Pl. III, fig. 5-7.
Ch. criophilus Gran, 1904, *Die Diatomen der arktischen Meere*, I, p. 352, fig. 3.

Cette espèce, créée par Castracane, pourrait être confondue avec le *Ch. peruvianus* Brightw. ; elle s'en distingue essentiellement, d'après Gran, parce que les cornes sont d'abord assez étroites au niveau de l'insertion, puis elles s'élargissent graduellement vers l'extrémité. Ce caractère n'apparait pas dans la figure originale de Castracane ; il est très net dans les figures de Gran.

J'ai rencontré le *Ch. criophilus*, rare dans la station III, pêche n° 17, abondant dans les stations XXVIII, pêches n°s 114 et 115 ; XXIX, pêche n° 117, et XXX, pêche n° 119.

Dans les échantillons que j'ai observés (fig. 13), l'insertion des cornes sur la valve antérieure ne concorde pas avec le dispositif figuré par Gran, mais, autant qu'on peut le voir d'après le croquis mal orienté de Castracane, elle correspondrait au *Ch. criophilus* tel que cet auteur l'a compris.

D'après les dessins de Gran, en effet, les cornes de la valve antérieure insérées à droite et à gauche de l'axe de la chaine se redressent pour s'appliquer l'une contre l'autre avant de se recourber brusquement vers la valve inférieure ; en se redressant ainsi, elles laissent entre elles un sinus plus ou moins profond et plus ou moins large semblable à celui qu'on observe chez *Ch. peruvianus*.

Chez les individus très nombreux que j'ai observés, les deux cornes se détachent de la valve antérieure perpendiculairement à l'axe de la chaîne sans se redresser et divergent ensuite plus ou moins fortement (fig. 13). Cette divergence est plus ou moins accentuée, et, quand la chaîne est dissociée de manière que les individus soient isolés, on a tout à fait l'aspect du *Ch. criophilus* f. *volans* représenté par Gran (1), abstraction faite du mode d'insertion des cornes antérieures ; mais cette orientation n'est pas due à l'isolement des individus, car on l'observe aussi dans les chaînes, comme on le voit dans la figure 14.

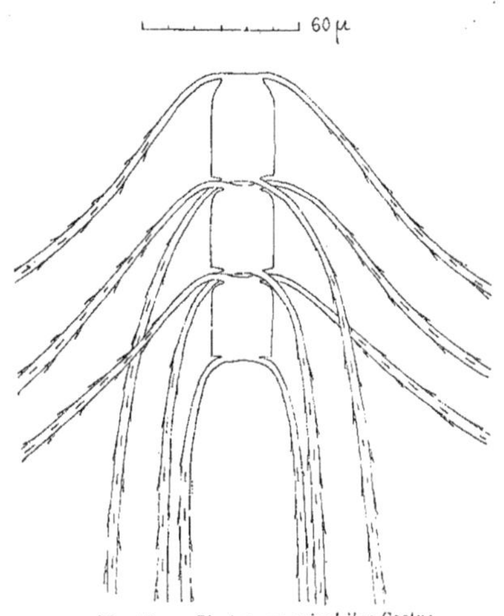

Fig. 13. — *Chætoceros criophilus* Castr.

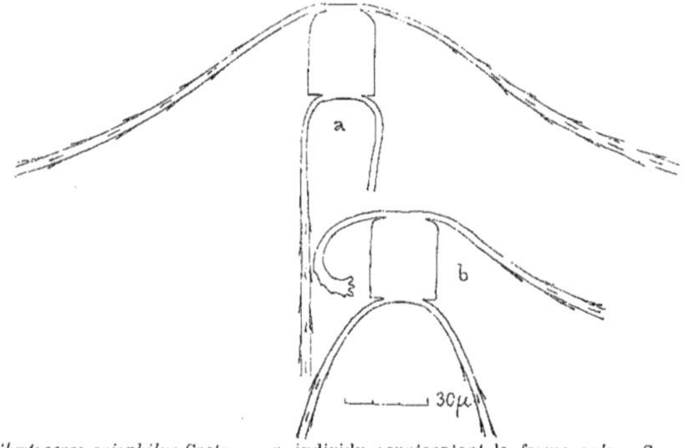

Fig. 14. — *Chætoceros criophilus* Castr. — *a*, individu représentant la forme *volans* Gran ; *b*, individu anormal avec l'une des cornes avortée.

Si l'on remarque, d'après les dessins originaux de Gran (2), que le

(1) GRAN, *Nordisches Plankton. Diatomeen*, p. 72, fig. 86 B.
(2) GRAN, *Nord. Plank.*, p. 71, fig. 84 *d*, *e*.

caractère distinctif qu'il a invoqué pour séparer *Ch. peruvianus* de *Ch. criophilus* est en défaut, car il figure un *Ch. peruvianus* avec des cornes d'abord minces au niveau de l'insertion, puis progressivement plus larges; que Cleve (1) représente un *Ch. criophilus* avec des cornes de diamètre uniforme, on doit admettre que ces deux espèces sont souvent confondues.

Le véritable *Ch. criophilus* se distingue du *Ch. peruvianus* par l'insertion des cornes des valves antérieures. Tandis que ces cornes se redressent pour se courber aussitôt dans le *Ch. peruvianus*, en laissant entre elles un sinus plus ou moins développé; chez le *Ch. criophilus*, elles se détachent perpendiculairement à l'axe de la chaîne ou de l'individu sans se redresser et en divergeant immédiatement. Quant à la direction des cornes, elle est trop variable pour fournir un caractère spécifique de quelque valeur.

Le caractère de l'insertion des cornes a été très bien marqué par Karsten (2); il affirme même avoir trouvé des formes de passage aux dessins de Gran, ce que ses figures ne montrent pas; cet auteur ne paraît pas s'être préoccupé de la confusion que nous avons signalée entre le *Ch. criophilus* et le *Ch. peruvianus* dans les mers arctiques.

Si cette manière de voir était vérifiée, le *Ch. criophilus* serait cantonné dans les mers antarctiques et les formes océaniques boréales qu'on a désignées sous ce nom devraient être rapportées au *Ch. peruvianus*.

Chætoceros curvatus Castr.

J'ai retrouvé une forme très semblable à l'espèce décrite par Castracane (3), mais les individus ne sont pas toujours isolés, on les rencontre par groupes de deux ou trois. L'insertion des cornes est variable et rappelle le plus souvent l'insertion du *Ch. peruvianus*, mais ces cornes sont entièrement lisses, ce qui ne permet pas de réunir ces formes à cette dernière espèce, comme Cleve l'indique (4).

(1) Cleve, *loc. cit.*, *A treatise...*, Pl. I, fig. 6.

(2) Karsten, *Das Phytoplankton des antarktischen Meeres nach dem Material der deutschen Tiefsee-Expedition*, 1905, Pl. XV, fig. 8, 8a..., 8e.

(3) Castracane, *loc. cit.*, *Chall. Exped...*, p. 76, 77, figures dans le texte.

(4) Cleve, Plankton from the southern Atlantic and the southern Indian Ocean (*Öfversigt of kongl. Vetens. Akad. Förhand.*, 1900, p. 929).

Le mode d'insertion des cornes sur les deux valves est variable, et il est possible que ces variations tiennent à la situation des individus, qui paraissent souvent isolés dans les chaînes dissociées au moment des manipulations nécessaires à l'observation.

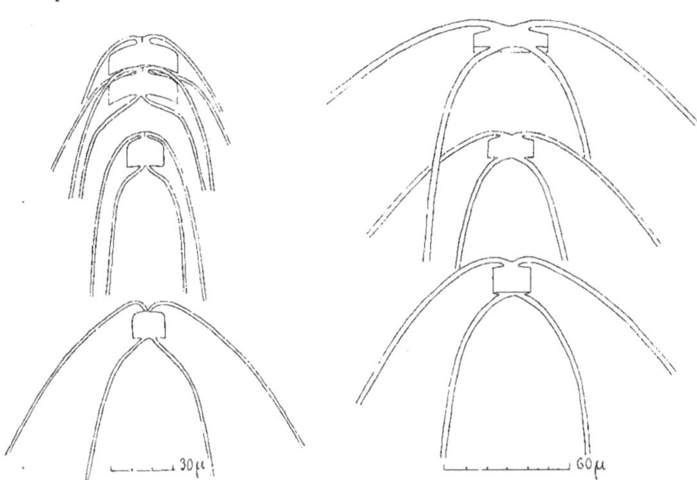

Fig. 15. — Formes diverses du *Chætoceros curvatus*.

Fig. 16. — Formes diverses du *Chætoceros curvatus*.

Je donne quelques figures (fig. 15 et 16) relatives à ces formes dans lesquelles il faudra faire rentrer le *Ch. pendulus* de Karsten, dont le mode d'insertion rappelle le *Ch. criophilus*. Les figures montrent tous les types de transition dans le mode d'insertion des cornes des valves supérieures; d'autre part, le rapport entre la longueur et la largeur des individus est susceptible de varier dans des limites assez étendues.

Provisoirement nous laisserons toutes ces formes dans le groupe spécifique *Ch. curvatus*.

Chætoceros Dichæta Ehr.

Einige vorläufige Resultate der Untersuchungen der von Sudpolarreise des Kapitän Ross, sowie..., etc. (*Bericht. ü. d. Verandl. der Akad. Berlin*, 1844, t. X, p. 182; — *Abhandl. d. Ak. d. Wissenschaft* 1872 *zu Berlin*, Pl. XII, 11, Sudpolarmeere, fig. 3, 4).

Chætoceros distans Cleve 1872, Examination of Diatoms found on the surface of the Sea of Java (*Bihang. Till. k. Svenska Vet. Ak. Handl.*, t. 1, p. 9, fig. 11 *a* et *b*).

Chætoceros remotus Cleve et Grunow, Beiträge zur kenntniss der arctischen Diatomeen, 1880 (*K. sv. Vet. Ak. Handl.*, t. XVII, p. 120).

Chætoceros Janischianus Castr. *Report on the Scient. Res. of the exploring Voyage of « Challenger »*, t. II, Bot., p. 77, 1886.

Chætoceros Dichæta Cleve, On Some new and Little known Diatoms (*K. Sv. Vet. Akad. Handl.*, t. XVIII, p. 26, Pl. VI, fig. 77).

Cette espèce, caractéristique de l'Océan antarctique, rare dans les régions boréales, appartient à la section des *Atlanticæ*. Ehrenberg l'a créée pour des formes rencontrées dans les mers polaires du Sud ; dans le dessin qu'il en donne on ne trouve pas l'épine située au centre des valves (fig. 17, I). Presque en même temps Cleve (1) décrivait le *Ch. distans*, plus tard changé en *Ch. remotus* Cleve et Grunow, qui n'a rien de commun avec la figure donnée par Ehrenberg (fig. 17, II). Castracane, dans les matériaux de l'expédition du « Challenger », retrouve cette espèce, il la figure et la décrit (2) sous le nom de *Ch. Janischianus* ; le dessin un peu trop régulier donne bien l'aspect d'une des formes les plus constantes de cette espèce, mais les épines situées au centre des valves ne figurent pas davantage. Cleve, quelques années auparavant, avait donné une figure (fig. 17, III) très semblable à celle d'Ehrenberg, avec cette différence que les courtes épines de la partie centrale de chaque valve sont bien marquées (3) ; il l'indique

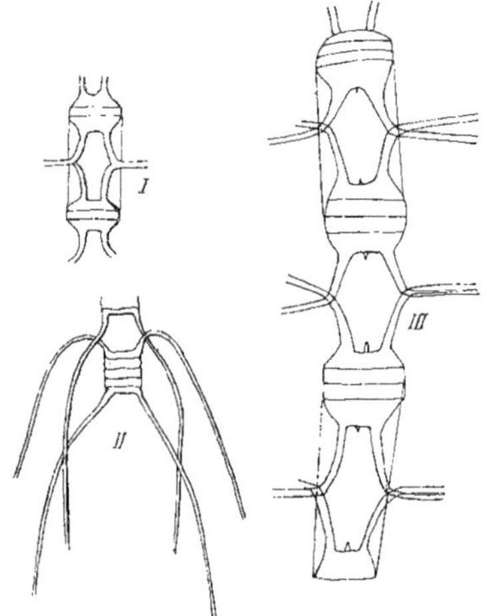

Fig. 17. — I, *Chætoceros Dichæta*, d'après Ehrenberg ; II, *Chætoceros distans*, d'après Cleve ; III, *Chætoceros Dichæta*, d'après Cleve.

(1) Cleve, *Diatoms of the Sea of Java...*, *loc. cit.*, 1872, Pl. II, fig. 11 *a* et *b*.
(2) Castracane, *loc. cit.*, 1886, p. 77.
(3) Cleve, *loc. cit.*, 1881, p. 26, Pl. VI, fig. 77.

bien sous le nom de *Ch. Dichæta* synonyme de *Ch. remotus*, et originaire de l'Océan antarctique (*Challenger Exp.*).

Karsten (1) décrit la même espèce sous le nom de *Ch. Janischianus* et enfin H. van Heurck (2) a figuré, sous le nom de *Ch. Dichæta*, avec des formes anormales, un certain nombre d'individus qui paraissent à première vue assez différents du type représenté par Ehrenberg, Cleve et Castracane.

L'examen des textes et des dessins montre d'abord que le seul nom qui convienne est le *Ch. Dichæta* Ehr. et *Ch. Janischianus* doit tomber dans la synonymie.

J'ai rencontré le *Ch. Dichæta* dans la station II, pêches n°s 15 et 16 ; station XXVI, pêche n° 102 ; station XXX, pêche n° 119, où il était plutôt rare, mais dans la station XXVIII, pêches n°s 114 et 115, et la station XXIX, pêche n° 117, il était très abondant (voir Pl. II) et les nombreux individus que j'ai observés présentent plusieurs formes.

1° Forma *longa*. — La première forme répond tout à la fois aux dessins et aux descriptions d'Ehrenberg, de Cleve et de Castracane. Elle constitue soit des individus isolés qui auraient formé de nouvelles chaînes par leur division répétée, soit des chaînes assez longues comprenant parfois 6 ou 8 individus.

Chez les individus isolés (fig. 18), les valves sont cylindriques, tantôt presque aussi larges que longues, 20 μ × 20 μ, ou plus longues que larges, 22 μ × 13 μ,5 ; elles sont nettement divisées par une ceinture connective de largeur variable. Du milieu de chaque valve s'élève, suivant l'axe, une épine plus ou moins régulière à extrémité légèrement renflée ou arrondie de 8 à 16 μ de longueur. Elle manque rarement, à moins d'être brisée, mais on retrouve toujours son insertion.

Les cornes s'insèrent par une base assez large un peu en dedans du bord des valves ; elles se rétrécissent peu à peu pour devenir très effilées ; elles se dirigent d'abord parallèlement aux épines sur une longueur de 10 à 20 μ, puis elles divergent très élégamment ou deviennent plus rarement flexueuses ; leur longueur est de 50 à 70 μ.

(1) KARSTEN, *loc. cit.*, 1906, Pl. XV, fig. 6 *a*, *b*, *c*.
(2) H. VAN HEURCK, *Résultats du « S. Y. Belgica »*, *1897*, *1899*, Diatomées, 1909, Pl. V, p. 78 à 82.

Les individus que nous venons de décrire se divisent et forment des chaînes courtes assez fréquentes (fig. 19); puis la division continuant à se produire, on obtient des chaînes assez longues, malgré leur fragilité, il n'est pas rare de rencontrer des fragments de 6 à 8 individus.

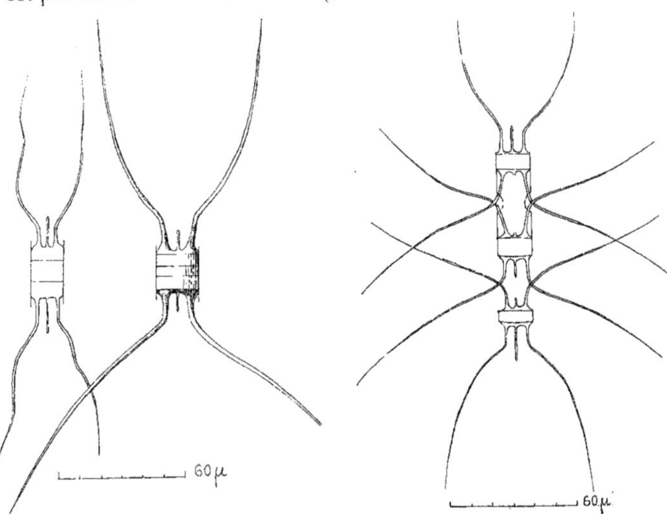

Fig. 18. — *Chætoceros Dichæta* forma *longa*. Individus isolés.

Fig. 19. — *Chætoceros Dichæta* f. *longa*. — Les deux individus supérieurs sont réunis par la membrane de la cellule mère, perforée de deux trous pour le passage des cornes.

Dans ces chaînes, les cornes des cellules terminales présentent les courbures élégantes que montrent les figures et elles sont à peu près renfermées dans le même plan; les cornes des cellules intermédiaires sont d'abord à peu près parallèles à l'axe de la chaîne, puis elles divergent, mais, au lieu de rester dans le même plan, elles se courbent brusquement au point de contact avec la corne correspondante de la cellule suivante ; les deux branches ainsi courbées s'écartent en restant dans un même plan légèrement oblique par rapport à l'axe de la chaîne (fig. 21) : toutes les cornes correspondantes sont ainsi placées dans des plans parallèles, et celles du côté opposé sont dans d'autres plans parallèles aussi, mais inclinés en sens contraire sur l'axe de la chaîne.

Les figures 19 et 20 (et Pl. 1, fig. 4 et 5) montrent deux chaînes, l'une de deux, l'autre de trois individus vus par la face connective dans le plan passant par le grand axe transversal des cellules (il passe par le plan d'insertion des cornes). La figure 21 montre une chaîne de quatre indi-

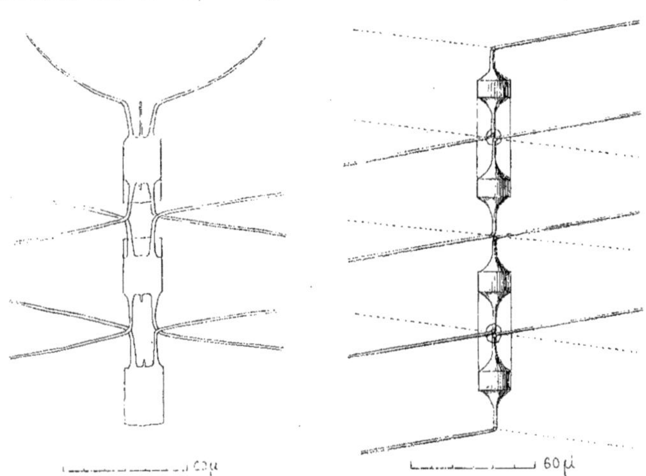

Fig. 20. — *Chætoceros Dichæta* f. *longa*. — Chaîne vue par la face connective parallèlement au plan d'insertion des cornes. Les deux individus supérieurs montrent les débris écartés de la membrane de la cellule mère.

Fig. 21. — Chaîne de *Chætoceros Dichæta* f. *longa*, vue perpendiculairement à la ligne d'insertion des cornes et montrant la direction parallèle des cornes. On aperçoit aussi les trous de la membrane des cellules mères par où s'échappent les cornes.

vidus vus par la face connective, mais dans un plan parallèle au petit axe transversal; il est perpendiculaire au plan d'insertion des valves.

Les épines qui occupent le centre des valves sont très développées chez les individus terminaux des chaînes ; elles sont en général plus courtes et plus ou moins inclinées chez les individus intermédiaires.

Dans les chaînes on aperçoit encore, là où la division est récente, la membrane de la cellule mère qui persiste pendant un certain temps ; vers le milieu, au niveau de la sortie des cornes, elle se perfore de deux trous circulaires situés aux extrémités d'un même diamètre (fig. 19 et 21 et Pl. 1, fig. 2, 3, 4, 5). Un peu plus tard, elle se fend circulairement vers le milieu, et, par suite de l'écartement des individus provoqué par l'accroissement basilaire des cornes, les deux débris de la membrane s'écartent l'un de l'autre avant de disparaître (fig. 20).

2° Forma *lata*. — Dans les mêmes pêches, on rencontre une deuxième forme du *Ch. Dichæta* caractérisée par la largeur des frustules toujours supérieure à la longueur : l'axe longitudinal est en effet la moitié et le tiers et même presque le quart du grand axe transversal situé dans le plan d'insertion des cornes : c'est le *Ch. Dichæta* f. *lata*.

Le mode d'insertion des cornes, leur direction sont semblables à ce que nous venons de décrire pour la forme longue. Il suffit de comparer les figures qui représentent des individus isolés (fig. 22) ou une chaîne plus ou moins longue (fig. 23) pour

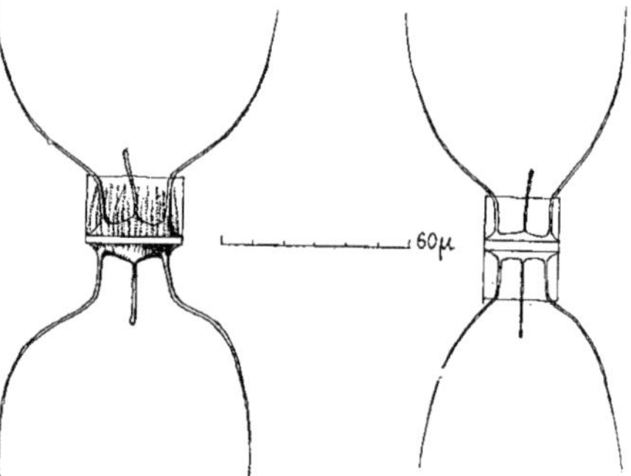

Fig. 22. — *Chætoceros Dichæta* f. *lata*. — Individus isolés.

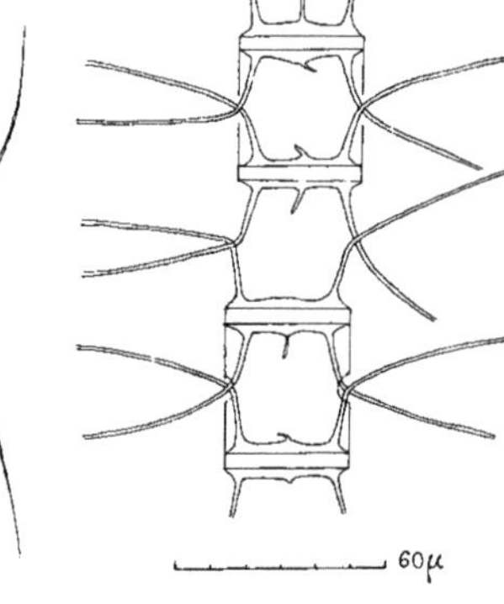

Fig. 23. — Chaîne de *Chætoceros Dichæta* f. *lata*.

constater une grande ressemblance entre les deux formes. D'ailleurs la figure 19, qui représente une chaîne de trois individus, constitue une forme intermédiaire entre la forme longue et la forme large.

Les épines sont en général plus longues, renflées très légèrement à leur extrémité et plus ou moins infléchies et courbées ; la silicification y est très faible, elle commence à la base et progresse vers le sommet. Aussi ces formations très fragiles disparaissent-elles souvent chez les individus lavés aux acides ou calcinés, c'est pourquoi sans doute Ehrenberg puis Castracane ne les ont pas figurées.

En outre, on aperçoit très fréquemment sur la forme large, plus rarement sur la forme longue, une ceinture de filaments délicats longs de 10 à 20 μ, qui s'insèrent à la périphérie sur le bord externe de chaque valve (fig. 22 à gauche et Pl. I, fig. 2, 3, 4, 5); ces filaments colorés par les réactifs des composés pectiques ne sont ordinairement pas silicifiés et ils disparaissent presque tous à la calcination.

Quelques-uns toutefois peuvent être envahis par la silice, ils persistent alors sur le pourtour des valves en formant un petit nombre d'épines inégales et très irrégulièrement distribuées.

La figure 24 représente un exemplaire de *Ch. Dichæta* extrait de la collection Cleve et Möller, n° 125, où ces épines marginales sont apparentes.

3° Forma *tenuicornis*. — Une troisième forme enfin, fréquente dans les pêches 114, 115 et 117, plus petite que les deux précédentes, est caractérisée par la minceur des cornes qui sont alors contournées de diverses manières quand la silicification est faible où qui demeurent assez rigides si la silicification est plus grande.

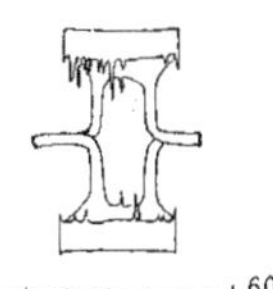

Fig. 24. — Fragment de *Chætoceros Dichæta*, montrant les épines marginales silicifiées.

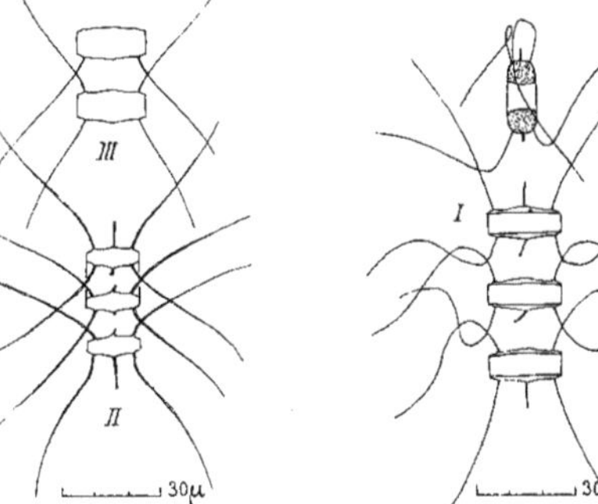

Fig. 25. — *Chætoceros Dichæta* f. *tenuicornis*. — I, à cornes flexueuses; II, III, à cornes rigides; ces deux dernières formes rappellent les *Ch. polygonus* Gran et *Ch. skeleton* Schütt.

Les figures représentent ces formes que je désigne sous le nom de *Ch. Dichæta* f. *tenuicornis*. Parmi elles, quelques individus (fig. 25, II et III) rappellent exactement le *Ch. skeleton* figuré par Cleve (1) et désigné par Gran sous le nom de *Ch. polygonus*.

(1) Cleve, *Phytoplanct. of the Atlantic*, etc., p. 22, Pl. II, fig. 3.

Schütt, qui a créé cette dernière espèce, l'a fondée sur des caractères variables et le dessin qui l'accompagne est trop peu précis pour servir de terme de comparaison. Il écrit (1) après la description, que *Ch. polygonus* est voisin de *Ch. Dichæta* Ehr. D'après les dessins d'Ehrenberg et de Cleve, le « frustule de *Ch. Dichæta* Ehr., *Ch. remotus* Cleve, Grun., est si fortement bombé que la cellule est presque sphérique, tandis que la cellule du *Ch. polygonus* est presque quadrangulaire. Les fenêtres de *Dichæta* sont plus hautes, les racines des cornes plus longues (chez *Dichæta*, d'après Cleve et Grunow, 16 μ; chez *Ch. polygonus* elles ont 4 à 8 μ), et, d'après le dessin de Cleve, toutes les valves de *Ch. Dichæta* portent des aiguillons, alors que chez *Ch. polygonus* ce sont seulement les valves terminales qui sont aiguillonnées ».

Schütt a comparé à son *Chætoceros polygonus* la forme *longa* du *Ch. Dichæta* et les différences qu'il signale sont assez nettes; elles disparaissent quand on compare le *Ch. polygonus* au *Ch. Dichæta* f. *tenuicornis*.

A ce sujet la figure donnée par Cleve du *Ch. skeleton*, devenu le *Ch. polygonus* (fig. 12 *b*, p. 33), ne laisse aucun doute sur l'identité de ces formes. Nous avons déjà vu que la présence ou l'absence des épines est un caractère sans valeur absolue.

Il est regrettable que les dessins de Schütt, malgré leur apparente précision, inspirent si peu confiance au point de vue de la détermination.

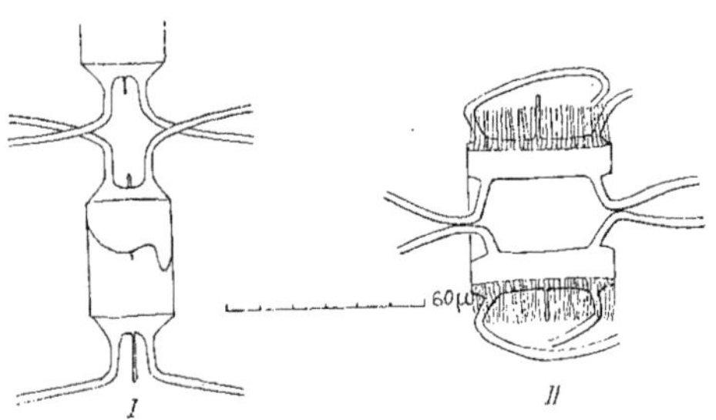

Fig. 26. — Anomalies de *Chætoceros Dichæta*.

Il nous reste à signaler quelques anomalies d'individus : chez la forme longue (fig. 26, I), où l'une des valves s'est déformée sans pouvoir produire les cornes, on reconnaît la petite épine de région centrale; chez la forme large (fig. 26, II) où les cornes sont irrégulièrement contournées;

(1) Schütt, *loc. cit.*, p. 47.

la dernière de ces anomalies a été représentée par van Heurck en même temps que la forme caractéristique du *Ch. Dichæta* f. *lata* (1).

En résumé, le *Chætoceros Dichæta* Ehr. doit être compris avec la synonymie suivante : *Ch. distans* Cleve ; *Ch. remotus* Cleve et Grunow ; *Ch. Janischianus* Castr. ; *Ch. skeleton* Schütt ; *Ch. skeleton* Cleve ; *Ch. polygonus* Schütt ; *Ch. polygonus* Gran.

L'espèce présente trois formes avec de nombreux intermédiaires : f. *longa*, f. *lata*, f. *tenuicornis*.

Chætoceros flexuosus nov. sp.

Cette espèce, très caractéristique par la disposition des cornes, qui paraissent légèrement nattées au voisinage de leur insertion, a été rencontrée, mais toujours rare ou très rare, dans les stations : I, pêche n° 14 ; III, pêche n° 17 ; XII, pêche n° 34 ; XXVI, pêche n° 102 ; XXVIII, pêche n°s 114 et 115, et XXIX, pêche n° 117.

Elle forme des chaînes compactes, parce que les cellules sont serrées de manière à ne laisser qu'une très petite fenêtre étroite (fig. 27 et Pl. I, fig. 7). Vues par la face connective, elles sont quadrangulaires avec des angles arrondis, et les cornes très étroites, filiformes, atténuées peu à peu en soies très fines, s'insèrent au point de séparation de deux valves.

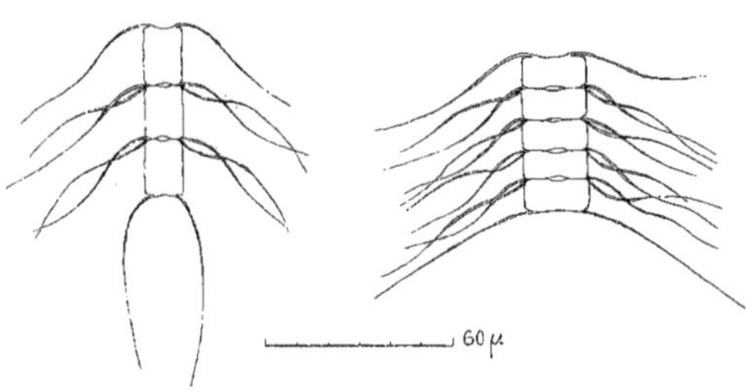

Fig. 27. — *Chætoceros flexuosus* nov. sp. — Deux chaînes avec des individus d'inégale hauteur.

Les soies terminales sont régulièrement courbées en arc, tantôt assez rapprochées, tantôt très divergentes. Les cornes ou soies intermédiaires sont toutes dirigées obliquement vers la cellule terminale, elles sont flexueuses et s'entre-croisent de manière à former une ou deux boucles.

(1) Van Heurck. *Voyage du « S. Y. Belgica »*, Diatomées, p. 29, Pl. V, fig. 80-82.

Les chaînes sont rectilignes ; leur largeur est de 9 à 15 μ, 5 ; la hauteur des cellules est très variable, de 9 à 20 μ.

Voici la diagnose de cette nouvelle espèce.

Chætoceros flexuosus n. sp. — Frustulis in catenas rectilineares stricte facie valvari applicatas, anguste fenestratas, tertiam dimidiam ve catenarum latitudinis partem æquantibus, connexis; facie connectivali quadrangulari rotundatim angulata ; cornubus acuminato-attenuatis, terminalibus, plus minus divergentibus, rectilinearibus regulariter ve curvatis, intercalaribus, flexuosis immixtisque, quoad axem catenæ semper obliquis ; catenæ latit. 9-15 μ ; frustularum longit. 9-20 μ.

In mari antarctico 65° inter et 70° lat. austr.

Chætoceros forcipatus nov. sp.

Cette espèce, également nouvelle, a été rencontrée et toujours à l'état rare dans les stations XXVII, pêches nos 114 et 115, et XXIX, pêche no 117.

Elle forme aussi des chaînes très compactes, parce que les individus sont serrés sans laisser de fenêtre entre eux. Chaque cellule, vue par la face connective, est rectangulaire avec les angles arrondis. La largeur des chaînes est de 18 à 20 μ et la hauteur de chaque cellule de 10 à 12 μ.

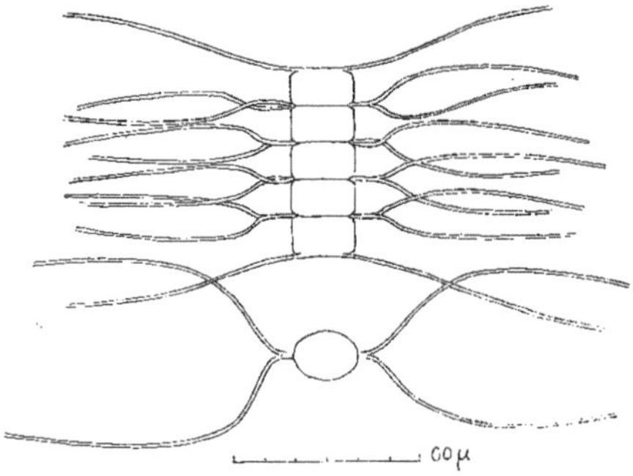

Fig. 28. — *Chætoceros forcipatus* nov. sp. — En haut, une chaîne vue par la face connective ; en bas, un individu vu par la face valvaire.

On rencontre, à côté des fragments de chaîne de 4 ou 6 individus, des individus isolés.

Vues par la face connective, les cellules montrent que les cornes, uniformément épaisses, s'insèrent sur la face externe des valves et se dirigent perpendiculairement à l'axe de la chaîne en continuant la direction de la partie externe des valves (fig. 28, et Pl. I, fig. 6, *a*, *b*).

Vues par la face valvaire, la section est un peu elliptique (16 × 20 μ) et les cornes, s'insérant aux extrémités d'un même diamètre, prennent en divergeant une courbure qui leur donne, avec les cornes opposées, l'aspect des branches d'une pince ; ces cornes ont 100 à 120 μ de longueur (fig. 27 et Pl. I, fig. 6, *b*).

Voici la diagnose de cette nouvelle espèce, dont le nom rappelle la disposition des cornes vues par la face valvaire.

Chætoceros forcipatus nov. sp. — Frustulis in catenas rectilineares, facie valvari stricte applicatis, connexis ; catenis non intercalariter fenestratis ; facie connectivali quadrangulari rotundatim angulata ; faciebus valvaribus leniter ellipticis ; cornubus æqualiter crassis axis magni transversalis ad apices insertis, primitus inter se parallelis, dein forcipis modo recurvatis ; valvis 18-20 longis ; frustula singula 10-12 μ.

In mari antarctico 69° inter et 70° lat. austr.

Chætoceros neglectus Karsten (1).

Cette espèce, créée par Karsten, a été rencontrée dans un petit nombre de stations, où elle était toujours rare, sauf dans la baie Matha, où elle s'est montrée abondante avec d'autres *Chætoceros*. Elle forme des chaînes délicates plus ou moins flexueuses (fig. 29) très caractéristiques. Le *Ch. neglectus* accompagne ordinairement le *Ch. flexuosus*.

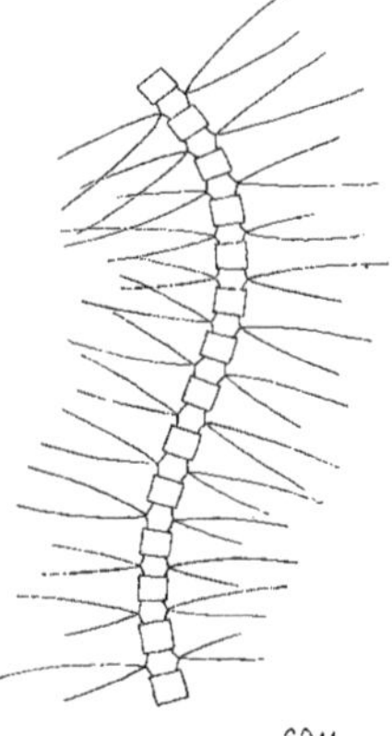

Fig. 29. — *Chætoceros neglectus* Karsten.

Chætoceros radiculum Castr.

J'ai rencontré cette espèce seulement dans la station XXIX, pêche n° 117, et à l'état de rareté sous l'aspect d'individus isolés. Je ne suis pas persuadé que ce soit une espèce autonome, j'inclinerais à la considérer comme une déformation. Elle vit donc plus au sud que Karsten ne l'a signalée dans les trois stations de la « Valdivia » où elle a été rencontrée.

(1) Karsten, *loc. cit.*, 1906, Pl. XVI, fig. 8.

Chætoceros Schimperianus Karsten.

Cette jolie espèce, très bien décrite et figurée par Karsten (1), est caractérisée par ses cornes fortement dilatées au niveau de l'insertion, puis se rétrécissant peu à peu pour se terminer en soies très fines et flexueuses. Vues par les faces valvaires, les cellules ont une section elliptique (12 × 15 μ) et les soies divergent régulièrement à partir du point d'insertion (fig. 30, II). La largeur des cellules varie de 12 à 24 μ, et la hauteur, très variable, passe de 5 μ à 45 μ. Les figures 30 et 31 montrent les diverses dimensions des chaînes et des individus.

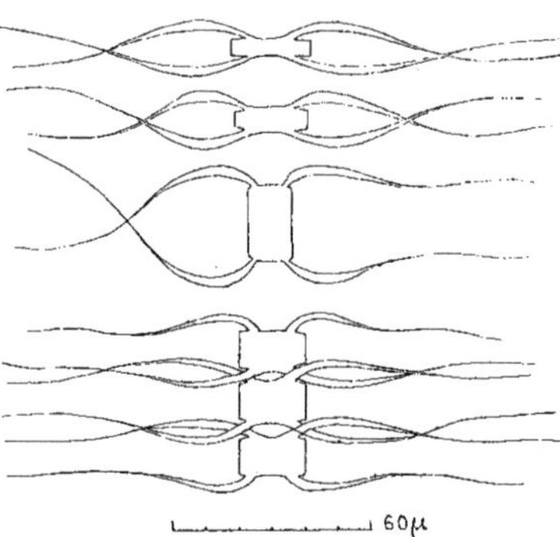

Fig. 30. — *Chætoceros Schimperianus* Karsten. Individus isolés ou chaînes courtes.

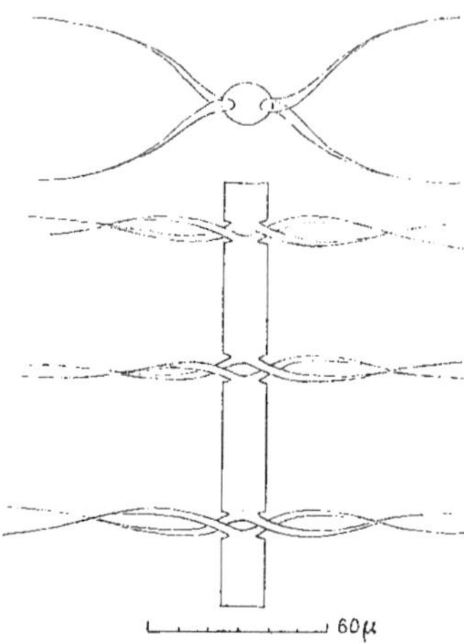

Fig. 31. — *Chætoceros Schimperianus*. — Chaînes d'individus à longues valves, en bas et vues par la face connective; en haut, individu vu par la face valvaire.

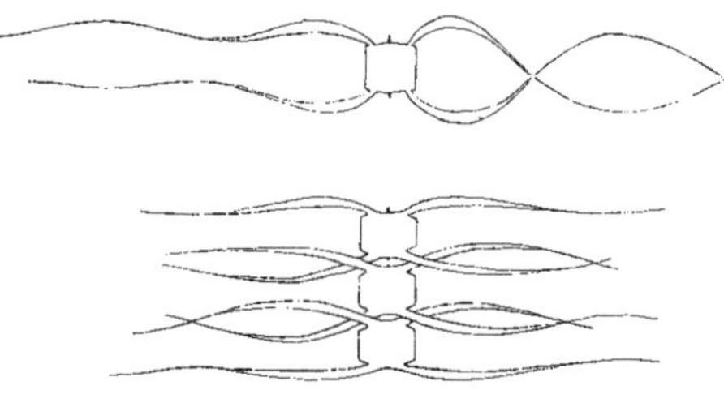

Fig. 32. — *Chætoceros Schimperianus*, avec une épine au milieu des valves.

(1) Karsten, *loc. cit.*, 1906, Pl. XV, fig. 3 et 3 *a*, 3 *b*.

Chez un certain nombre d'individus, j'ai constaté la présence d'une courte épine insérée au milieu de la face concave des valves (fig. 32). Bien que la présence de cette épine ne soit pas constante, ce fait suffirait à ranger le *Ch. Schimperianus* dans la section des *Atlanticæ*, à côté de *Ch. atlanticus*, dont il rappelle un peu les caractères par la dilatation de ses cornes, mais celles-ci, d'abord larges puis progressivement et longuement effilées, ont des caractères très constants qui autorisent à considérer le *Ch. Schimperianus* comme une espèce très distincte.

Il a été rencontré en assez grande abondance dans une station seulement : station XXVIII, pêches n°s 114 et 115, par 69° 20′ de latitude sud et 102° 09′ de longitude ouest.

Chætoceros socialis Lauder.

Trans. Micr. Soc., 1864, p. 78, Pl. VIII, fig. 6 ; Hedwigia, 1865, p. 62. — CLEVE, Diatoms from Baffin's Bay and Davis Strait (*Bihang t. K. Sv. Vet.-Ak. Handl.*, p. 9, Pl. II, fig. 9, *a*, *b*, *c*, *d*). — GRAN, Protophyta : Diatomaceæ, Silicoflagellata and Cilioflagellata Christiania (*Den Norske Nordhavs-Exped.*, 1876-78, p. 26, Pl. IV, fig. 54).

Cette espèce, si abondante dans l'hémisphère Nord, est rare dans l'hémisphère Sud. Karsten ne la signale pas une seule fois pendant le voyage de la « Valdivia » dans l'Antarctique. Il l'a trouvée dans l'Atlantique à Victoria, à Port-Élisabeth et jusqu'à la latitude de 35° sud. Dans nos récoltes, le *Ch. socialis* s'est montré abondant à la station I dans le chenal de Roosen, près de Port-Lockroy, par 64° 48′ latitude sud et 65° 51′ longitude ouest. Dans la station II, à Port-Lockroy, il devient rare et disparaît ensuite complètement.

Chætoceros tortissimus Gran.

Bemerkung über einige Plankton-Diatomeen (*Nyt Magazin for Naturvidensk.*, t. XXXVIII, p. 122, fig. 25, Pl. IX).

Gran a créé cette espèce pour des formes rencontrées sur les côtes de Norvège et dans les fjords. J'ai trouvé le *Ch. tortissimus* dans les stations XI et XII et dans la station XXIX (Pl. II).

Dans la station XI, il a été rare et seulement à la profondeur de 20 ou 40 mètres. Dans la station XII, au fond de la baie de Matha, il est surtout abondant à la surface et devient rare en profondeur.

Cette espèce se rencontre donc à la fois dans l'hémisphère Nord sur les côtes de Norvège et dans la mer du Nord, où elle existe assez rarement, et dans l'Antarctique, par 67° et 69° de latitude sud. On ne l'a pas signalée dans d'autres régions ; peut-être a-t-elle passé inaperçue ou a-t-elle été confondue avec d'autres espèces. En effet, si le *Ch. tortissimus* est facile à reconnaître quand il constitue, comme le montre la figure 33, des chaînes de vingt ou trente individus, il n'est plus aussi caractéristique lorsque les chaînes sont brisées et réduites à des tronçons de trois ou quatre individus.

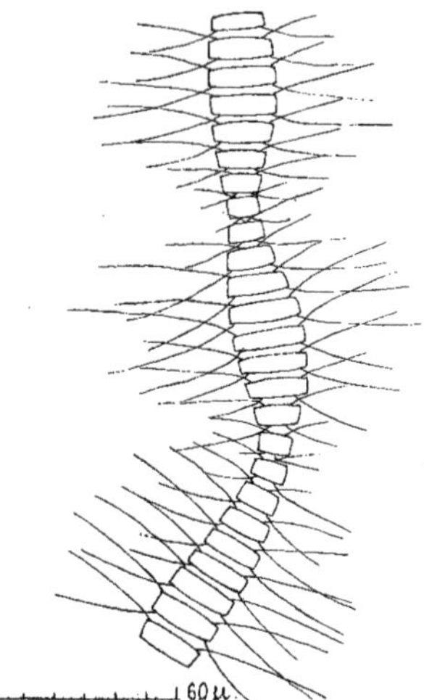

Fig. 33. — *Chætoceros tortissimus* Gran.

Corethron Valdiviæ Karsten.

Cette splendide espèce, découverte et magistralement décrite par Karsten (1), constitue la plante la plus importante du plancton antarctique par son extension et par l'abondance des individus.

Le *Corethron Valdiviæ* a été rencontré dans toutes les stations et dans toutes les pêches sauf trois. Il a manqué seulement dans la station XI, pêches n°s 28 et 29. Partout ailleurs il constitue soit seul, soit associé à quelques espèces : *Biddulphia striata*, *Chætoceros criophilus* et *Dichæta*, *Coscinodiscus Bouvet*, etc., la partie fondamentale du plancton.

Dans toutes les stations comprises entre XIII et XXII, pêches n° 42 au n° 74, il constitue à lui seul et à l'exclusion des autres espèces la totalité du plancton. Dans les pêches du n° 42 au n° 51, il était particulièrement abondant, surtout n°s 42, 43, 44 et 45, où il formait une masse floconneuse troublant l'eau.

Il n'y a rien à ajouter à la description si complète donnée par Karsten,

(1) Karsten, *Phyt. Antarktisch. Meeres*, texte, p. 100, Pl. XII.

sauf en ce qui concerne les appendices singuliers qu'il a désignés sous le nom de *fangarm*. La figure 34 montre la disposition de ces appendices, qui alternent régulièrement avec la couronne de grosses épines. Leur base dilatée se rétrécit rapidement en un pédoncule qui se termine par une palette orientée dans le plan de l'axe longitudinal de chaque individu ; le bord externe de cette palette est convexe ; le bord interne présente une dent terminale très saillante, après un profond sinus une deuxième dent séparée du bord interne par un faible sinus. Il est rare qu'il y ait plus de deux dents. Les conjectures que l'on peut formuler sur le rôle de ces singuliers appareils manquent de base, il est superflu de les examiner.

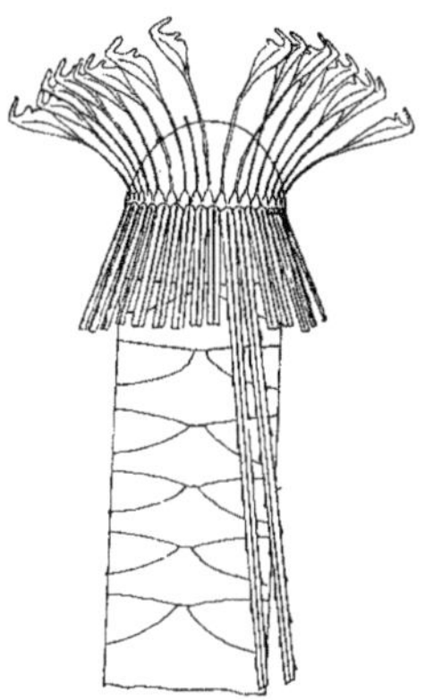

Fig. 34. — *Corethron Valdiviæ*. — Extrémité d'un individu montrant la structure des appendices (*fangarm*).

Karsten a distingué de l'espèce typique *C. Valdiviæ* une espèce plus grêle sous le nom de *C. inerme*. Les caractères qu'il en donne sont si difficiles à appliquer en présence des formes grêles de *C. Valdiviæ* que, sauf certains cas particuliers, il est impossible de les distinguer. Aussi Karsten ajoute-t-il (1) : « La ressemblance des cellules du *C. inerme* et du *C. Valdiviæ* est malgré tout si grande qu'elles ont été désignées sous ce nom dans le journal de Schimper. »

J'ai réussi à apercevoir un certain nombre de ces formes dans les pêches 114 à 119, mais il m'a été impossible de faire la part qui revient dans les nombreux individus au *Ch. Valdiviæ* vrai et à la forme *inerme*.

COSCINODISCUS.

Les espèces de ce genre, au moins celles qui ont pu être caractérisées, sont au nombre d'une douzaine dans les pêches de l'expédition du « *Pourquoi Pas?* ».

On sait que la détermination de ces espèces est toujours délicate, d'abord

(1) Karsten, *loc. cit.*, texte, p. 100 et suiv.

en raison de la difficulté d'observer les individus non seulement par la face valvaire, ce qui est le cas ordinaire, mais encore par la face connective, ce qui ne se présente que rarement et seulement quand les individus très nombreux sont encore empilés en colonnes plus ou moins longues.

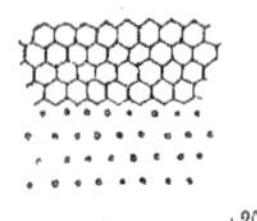

Fig. 35. — Aspect de la face externe et de la face interne d'une valve de *Coscinodiscus*.

D'autre part, la spécification est fondée sur les caractères de la sculpture des valves, et, suivant qu'on examine la face externe ou la face interne, les résultats sont différents (fig. 35), de sorte que l'on serait tenté, si l'on ne tenait pas compte de cette particularité, de faire avec un seul individu deux espèces différentes.

Aussi, toutes les fois que les individus étaient peu nombreux et ne présentaient pas dans la structure de leurs valves des caractères très nets, ai-je renoncé à mettre un nom sur ces formes rares et indistinctes.

Parmi les espèces que j'ai rencontrées, une demi-douzaine seulement jouent un rôle important dans le plancton et trois ou quatre sont tout à fait caractéristiques du plancton de l'Antarctique.

Coscinodiscus Bouvet Karsten.

Cette espèce, créée par Karsten (1), qui l'a rencontrée dans trois stations du voyage de la « Valdivia », par 53° 40′ et 54° 29′ de latitude sud, s'est montrée extrêmement abondante dans les stations I à IV et XII. Elle a été rencontrée dans seize stations sur trente. Dans les premières stations, son apparition présente la même allure que celle du *Corethron Valdiviæ*, puis elle devient rare jusqu'à la station XII, où elle constitue l'espèce dominante du plancton.

La sculpture des valves est semblable à celle du *C. Oculus-Iridis*, mais la forme de celles-ci est caractéristique et les fait ressembler à une assiette. Les deux valves sont accolées par leurs bords et les faces concaves se font vis-à-vis. Ainsi constitués, les individus se superposent en piles plus ou moins longues par l'adhérence du fond, qui est aplati ou très légèrement concave (fig. 36, I, II). La forme des valves permet toujours de les distinguer des autres *Coscinodiscus* à sculptures semblables. En outre, lors-

(1) Karsten, *loc. cit.*, p. 83 du texte, Pl. III, fig. 9, 9 *a*, 9 *b*.

qu'on examine le bord des valves on y aperçoit de petits nodules régulièrement espacés (un nodule pour trois ou quatre stries). A un grossissement considérable on se rend compte de la disposition de ces nodules dus à l'intercalation d'une strie supplémentaire possédant deux ou trois aréoles, dont la dernière, triangulaire, correspond par son sommet à la situation des nodules (fig. 36, III).

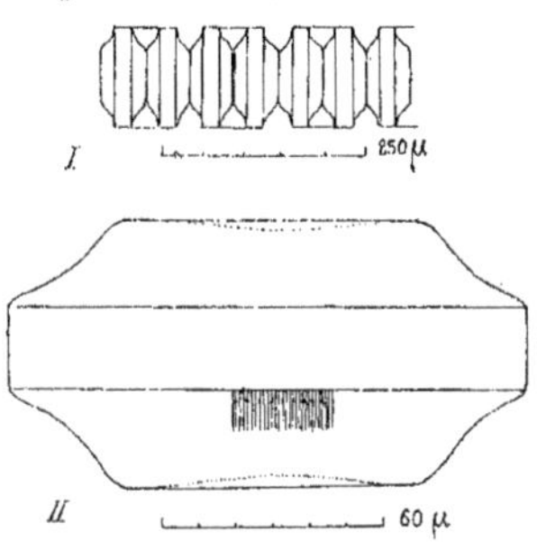

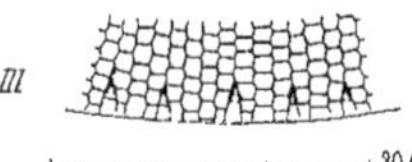

Fig. 36. — *Coscinodiscus Bouvet*. — I, chaîne d'individus réunis en pile ; II, un individu plus grossi ; III, disposition des mailles au niveau de la marge.

Coscinodiscus chromoradiatus Karst.

Cette espèce constitue, avec les *C. australis*, *bifrons*, *planus*, *Castracanei*, un type de Coscinodiscées caractérisé par l'existence de lignes radiales de ponctuations plus ou moins serrées et nombreuses ; elles aboutissent toutes à la même zone périphérique plus ou moins voisine du bord des valves, mais elles s'avancent plus ou moins près du centre.

Parmi ces espèces, j'ai retrouvé *C. australis*, *C. bifrons*, mais à l'état de rareté, tandis que le *C. chromoradiatus* a été rencontré dans douze stations.

Dans la station XXVI, en face Pétermann, dans le chenal de Lemaire, il était même assez abondant, notamment dans la pêche n° 102. Dans presque toutes les stations, il se trouvait en compagnie de *C. Oculus-Iridis*, *C. stellaris*, là précisément où le *Corethron Valdiviæ* était rare, ainsi que le *Coscinodiscus Bouvet*.

Il semble qu'il y ait dans ce fait plus qu'une simple coïncidence, le développement des espèces du premier groupe exigeant des conditions défavorables à la végétation du *Corethron Valdiviæ* et du *C. Bouvet*.

Coscinodiscus Oculus-Iridis Ehr.

Sous ce nom, on groupe un grand nombre de formes qui ont été tantôt réunies, tantôt séparées, soit comme variétés, soit même comme espèces distinctes. La plus grande confusion règne parmi les auteurs parce que, sauf Gran, Jörgensen, Gough, etc., tous n'ont pas tenu assez compte de la forme des valves. Je n'ai pas cherché à mettre de l'ordre dans le chaos des formes décrites, je me suis borné à distinguer celles que j'ai rencontrées par des caractères assez nets pour rendre la détermination facile dans les diverses pêches.

J'ai distingué *C. Oculus-Iridis* Ehr. par ses valves plates et ses alvéoles centraux, formant une rosette caractéristique; *C. radiatus* Ehr. par ses valves plates et la rosette centrale à peine distincte des autres alvéoles des valves, et enfin *C. subbulliens* Jörg., par ses valves bombées avec une rosette centrale bien distincte.

C. Oculus-Iridis Ehr. a été rencontré dans vingt et une stations; il constituait la dominante du plancton dans les stations VIII, pêche n° 25; XXVI, pêches nos 100, 101 et 102, et enfin station XXX, pêche n° 119.

Son apparition est en quelque sorte complémentaire de celle du *Corethron Valdiviæ*; là où il est abondant, cette dernière espèce devient très rare.

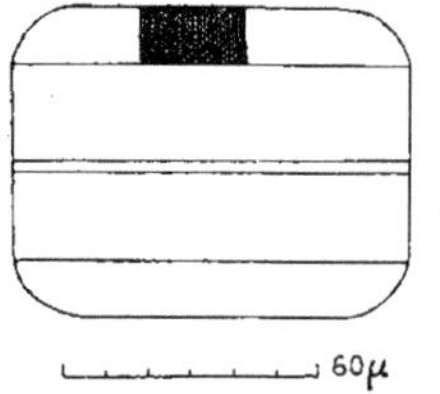

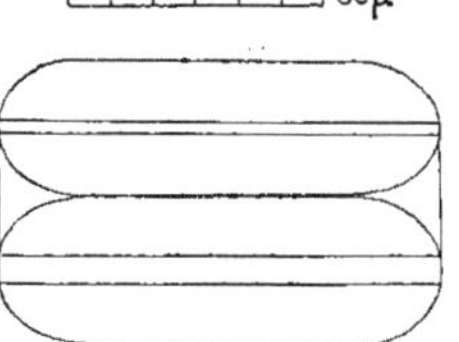

Fig. 37. — *Coscinodiscus subbulliens* Jörg. — En haut, un individu isolé; en bas, deux individus encore enveloppés dans les valves de la cellule mère.

C. radiatus Ehr. est moins fréquent et, quand il se rencontre, il est associé au *C. Oculus-Iridis*; il était surtout abondant dans la station VI, pêche n° 21.

Le *C. subbulliens* Jörg., enfin, est plus rare; il ne s'est montré que dans quatre stations; mais il était très abondant station III, pêche n° 17, et station XXX, pêche n° 119.

La figure 37 représente l'aspect des valves du *C. subbulliens* soit à l'état isolé, soit au moment où la division vient de se produire; dans ce dernier cas, la ceinture médiane connective est d'abord à peine formée, puis elle s'élargit au fur et à mesure que les individus se dégagent des valves de la cellule mère.

Coscinodiscus stellaris Roper.

Quat. Journ. Micr. Sc., 1858, p. 21, Pl. III, fig. 3. — *Coscinodiscus stellaris* var. *fasciculata* Castr., *Diat. Challeng. Exp.*, p. 155, Pl. III, fig. 2.

Cette espèce, créée par Roper pour une forme trouvée à Caldy, dans le comté de Pembrok, a été retrouvée dans la Méditerranée, aux îles Baléares, par Weissflog, et surtout dans l'océan Antarctique par Castracane et plus tard par Karsten. Castracane (1) en a fait une variété *fasciculata*, mais l'utilité de cette variété paraît douteuse. Grunow rapproche le *C. stellaris* Rop. du *C. symbolophorus* Grun. (2), mais s'il a une structure plus fine que ce dernier, il paraît difficile de les séparer.

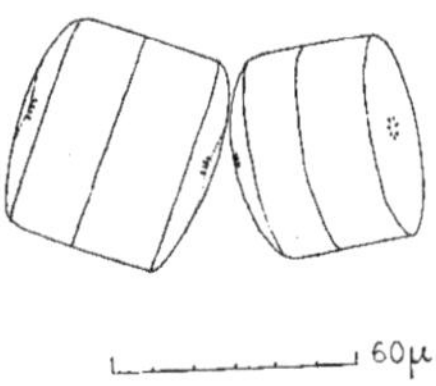

60µ

Fig. 38. — *Coscinodiscus stellaris* Rop. vu par la face connective.

La forme que j'ai rencontrée répond à la description de Roper et de Castracane. Elle présente de très fines stries radiales et, au centre, cinq ou six petites masses qui font saillie à la face interne des valves et qui dessinent une étoile. Leur nombre peut être réduit à quatre ou s'élever jusqu'à huit; les faces valvaires sont bombées, avec une légère dépression au centre (fig. 38).

Le *C. stellaris* Rop. paraît plus fréquent dans l'Antarctique que partout ailleurs. Je l'ai rencontré dans onze stations. En général rare ou très rare, il a été abondant dans la station XXVI, pêches nos 100, 101 et 102, et son riche développement concorde avec celui du *C. chromoradiatus* et du *C. Oculus-Iridis*. Gran a représenté (3), sous le nom de *C. stellaris*, une forme différente de l'espèce type créée par Roper.

Coscinosira antarctica n. sp.

Dans trois stations, en mélange avec le *Thalassiosira antarctica*, j'ai rencontré une forme particulière qui m'a paru appartenir à une nouvelle espèce.

(1) Castracane, *loc. cit.*, p. 158.
(2) Grunow, *Die Diatomeen von Franz-Josefs Land*, 1884, p. 82.
(3) Gran, *Nordisches Plankton Diatomeen*, p. 38, fig. 40.

Elle est constituée par des chaînes d'individus discoïdes ou courtement cylindriques, à bords taillés en biseau, semblables ainsi aux cellules des chaînes du *Thalassiosira Nordenskiöldii*. Ce qui complète la ressemblance, c'est la présence, au bord interne du biseau, d'une couronne de bâtonnets un peu divergents par rapport à l'axe de la chaîne et légèrement irréguliers, au lieu d'être raides comme ceux du *Th. Nordenskiöldii* (fig. 39 et Pl. I, fig. 9).

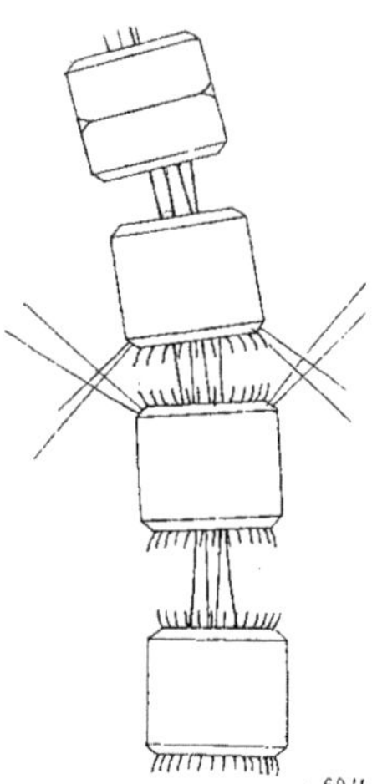

Fig. 39. — *Coscinosira antarctica* nov. sp. — Une chaîne d'individus montrant au milieu, outre les appendices marginaux, les fins prolongements insérés sur le biseau.

Les individus qui composent les chaînes ne sont pas réunis par un cordon muqueux central, mais par plusieurs cordons mucilagineux, tantôt répartis sous toute la surface plate des valves, tantôt groupés vers leur centre. Le nombre de ces cordons est variable : de 3 à 6 ou 7.

La présence de ces multiples cordons de réunion des individus fait rentrer cette forme dans le genre *Coscinosira*, et comme elle paraît nouvelle, je la désignerai sous le nom de *Coscinosira antarctica*. Quand les individus sont discoïdes, la face connective cylindrique qui sépare les faces biseautées est étroite et sa hauteur est à peine de 10 μ ; mais elle peut atteindre 25 et même 30 μ. Lorsqu'elle est ainsi très longue, elle présente une série de lignes parallèles représentant les bandes intercalaires nombreuses qui augmentent la longueur des individus (Pl. I, fig. 9).

Enfin, sur certains individus, on aperçoit, implantées sur la face biseautée, de fines stries mucilagineuses dirigées en dehors et perpendiculairement à la surface du biseau. Ces productions existent aussi chez le *Th. Nordenskiöldii* et complètent la ressemblance de la nouvelle forme avec cette espèce si caractéristique des mers arctiques. Les dimensions des valves varient de 23 μ à 53 μ de large (largeur des chaînes) et de 16 à 45 μ de longueur.

Karsten a décrit (1) dans le *Phytoplancton de l'Antarctique* un *Stephanosira decussata* qui rappelle un peu l'espèce que je viens de décrire, mais il s'en distingue par les valves arrondies et non biseautées et par l'absence de la couronne de bâtonnets insérée sur le bord interne du biseau. Il n'y a aucun lien à établir entre le *Stephanosira decussata* et le *Coscinosira antarctica*, bien que l'espèce de Karsten paraisse plutôt être rapportée au genre *Coscinosira*.

Voici la diagnose de l'espèce, nouvelle dans l'Antarctique :

Coscinosira antarctica, nov. sp. — Valvis cylindricis, annulis intercalaribus vel non præditis, superficie liguliformi parte omnino interna spinas aliquot plus minus rectilineares gerente et hinc inde processus tenuiores emittente, limitatis ; frustulis in catenas plus minus flexuosas funiculis aliquot mucosis in faciebus valvaribus insertis connexis ; valvarum diam. 25-53 μ ; frustularum longit 16-45 μ.

In mari antarctico 65° inter et 70° lat. austr.

Dactyliosolen flexuosus n. sp.

J'ai rencontré en assez grande abondance, dans les stations XXVIII,

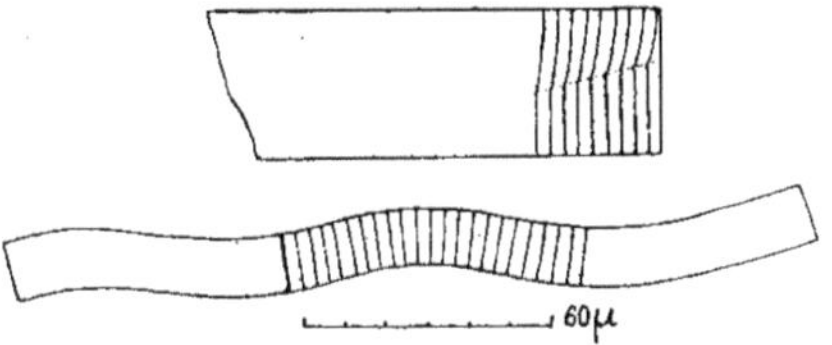

Fig. 40. — *Dactyliosolen flexuosus* nov. sp.

pêches nos 114 et 115, et XXIX, pêche no 117, un *Dactyliosolen* formant de longs cylindres flexueux ou courbés qui présentent l'annulation caractéristique des espèces de ce genre ; j'ai pensé d'abord que c'était le *D. lævis* Karsten, mais j'ai cherché en vain la fine striation longitudinale que Karsten a donnée pour l'espèce qu'il a représentée dans l'Antarctique (2).

L'absence de ces stries pourrait en faire une espèce nouvelle, et comme

(1) KARSTEN, *Das Phytoplankton des Atlantischen Ocean nach dem Material der Deutschen Tiefsee Expedition*, 1898-1899, p. 159, texte, Pl. XXVIII (IX), fig. 3.

(2) KARSTEN, *loc. cit.*, p. 93, Pl. IX, fig. 11 et 11 *a*.

elle est très souvent flexueuse quand les individus ont une certaine longueur (fig. 40) ; je la désignerai sous le nom de *Dactyliosolen flexuosus*.

Je n'en donnerai pas de diagnose à cause des documents incomplets que je possède sur cette espèce.

EUCAMPIA Ehr.

Mölleria Cleve ; *Mölleria* (Cleve) Castr.

Eucampia antarctica (Castr.) nob.

Eucampia Balaustium Castr. 1886, *Diat.* « *Challenger* » *Exp.*, p. 97, Pl. XVIII, fig. 5 ; *Eucampia minor* Castr., *loc. cit.*, Pl. XVIII, fig. 6 ; *Mölleria antarctica* Castr., *loc. cit.*, p. 98, Pl. XVIII, fig. 8.

Sous ce nom, je réunis un grand nombre de formes qui correspondent assez exactement, pour la structure des valves, à l'*Eucampia Balaustium* et au *Mölleria antarctica* créés par Castracane pour les individus de l'expédition du « Challenger ».

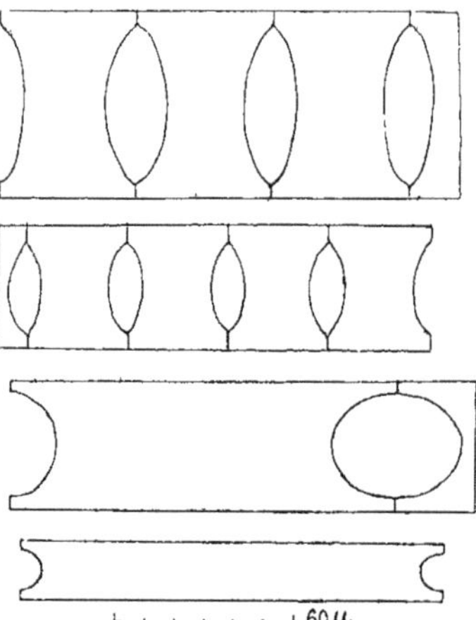

Fig. 41. — *Eucampia antarctica* (Castr.) nob. — Individus ou chaînes d'individus rectilignes vus par la face connective large.

Toutes présentent un caractère constant qui n'avait pas encore été signalé pour les espèces similaires des mers antarctiques : c'est la réunion des individus en chaînes rectilignes à cause de l'égalité des prolongements des valves (fig. 41). Si les chaînes sont rectilignes lorsqu'on les examine dans un plan parallèle au grand axe transversal, elles sont cependant courbées, mais à la manière d'un ruban entourant un cylindre ; c'est ce que l'on aperçoit sur les chaînes vues parallèlement au petit axe transversal (fig. 42) et le rayon de courbure du cylindre ou de la portion de cylindre qu'elles déterminent ainsi a 10 à 15 ou 20 centimètres.

Dans les préparations, le ruban formé par les individus s'aplatit plus ou moins et la chaîne se sépare en tronçons de deux à quatre ou six cellules.

Cette forme rectiligne des chaînes et leur enroulement caractéristique se présentent aussi bien chez les individus qui ressemblent à *Eucampia Balaustium* Castr. que chez ceux qui rappellent le *Mölleria antarctica*. Cette similitude d'aspect de colonies qu'on a rangées dans deux genres distincts nous apprend déjà que ces deux genres ne sont pas aussi différents qu'on pourrait le croire.

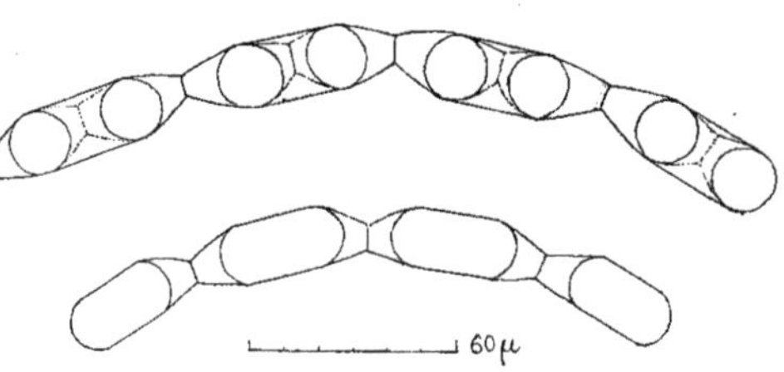

Fig. 42. — *Eucampia antarctica* (Castr.) nob. — Chaînes d'individus vus par la face connective étroite.

Un second caractère de l'*Eucampia antarctica* réside dans le polymorphisme de cette espèce. Ce polymorphisme avait déjà été signalé par Karsten à propos de l'*Eucampia Balaustium* (1). « Il faut ajouter à la description de Castracane que cette forme est caractérisée par un dimorphisme propre. Les valves sont très épaisses et résistantes, ce qui leur permet de descendre dans les grandes profondeurs, jusqu'à 5700 mètres; toutes les autres formes moins compactes, comme *Rhizosolenia*, *Chætoceros*, *Mölleria*, etc., n'arrivent jamais jusque-là. Les chaînes d'individus (*Eucampia*) qui se tiennent au même niveau que *Mölleria* ont la faculté de former non seulement des valves typiques presque dépourvues de bandes intercalaires, mais aussi des valves d'été avec des bandes intercalaires extraordinairement nombreuses... L'observation de ces formes d'été à côté des formes durables a été particulièrement représentée dans le journal de Schimper (station 158) par un dessin ».

J'ai pu vérifier, sur les chaînes rectilignes de l'*E. antarctica*, l'observation de Karsten, mais je me suis assuré qu'il existe un polymorphisme

(1) KARSTEN, *Phytoplankt. Antarkt.*, texte, p. 120, Pl. XI, fig. 7 et 8.

plus compliqué où les formes désignées par *E. Balaustium* et par *Mölleria antarctica* sont si complètement mélangées qu'il est impossible de les séparer. J'ai signalé l'existence de ce polymorphisme dans une note (1).

Examinons d'abord la valeur du genre *Mölleria* créé par Cleve (2) et principalement caractérisé par la longueur des prolongements des valves et par les nombreuses côtes de la membrane connective. Castracane (3), discutant les caractères attribués au nouveau genre *Mölleria*, n'admet pas que l'on puisse établir une distinction générique sur la longueur et la forme des prolongements des valves; d'autre part, la présence des côtes sur les faces connectives ne peut être invoquée davantage à titre de caractère générique, puisque *E. Zodiacus* présente, d'après W. Smith (4), des traces de côtes dans la même région. Castracane rejette donc les caractères distinctifs du genre *Mölleria* donnés par Cleve ; toutefois, il conserve ce genre en le fondant sur l'existence d'un nodule situé au centre des valves.

La diagnose est ainsi conçue :

Mölleria (Cleve) Castr. — Frustula cuneata in spiralem seriem conjuncta; valvis ovalibus centrali nodulo instructis, et in duos inæquales processus desinentibus; zona connectens plerumque crebre costata vel plicata.

En formulant ainsi les nouveaux caractères du genre *Mölleria*, Castracane n'avait pas vu les dessins originaux de Grunow dans le *Synopsis* de van Heurck (5) où l'*E. Zodiacus* est représenté par une valve de Chester montrant « un pseudo-nodule central à stries délicates rayonnantes finement ponctuées », c'est-à-dire un caractère semblable à celui que Castracane invoque pour séparer *Mölleria* d'*Eucampia*.

On s'explique ainsi que Grunow ait rejeté le genre *Mölleria*, l'espèce décrite par Cleve étant désignée, dans l'explication de la planche XCV du *Synopsis*, *E. cornuta* (Cleve) Grun. (*Mölleria* Cleve) Java.

(1) L. Mangin, Sur le polymorphisme de certaines Diatomées de l'Antarctique (*C. R.*), 159, 1914, p. 476).

(2) Cleve, Examination of Diatoms found on the surface of the Sea of Java (*Bihang till. K. Swenska vet. Akad. Handl.*, t. 1, 1873, Stockholm, p. 7, Pl. 1, fig. 6).

(3) Castracane, *loc. cit.*, p. 97.

(4) W. Smith, *Synop. Brit. Diat.*, vol. II, Pl. XXIV, fig. 299, et Pl. LX, fig. 299.

(5) Van Heurck, *Synopsis des Diatomées de Belgique*, Anvers, texte, 1885, p. 203; atlas, 1880-1881, Pl. XCV *bis*, fig. 2.

Cleve a lui-même renoncé à conserver le genre qu'il avait créé (1).

Il n'y a donc aucune raison de maintenir le genre *Mölleria*, qui doit désormais tomber dans la synonymie.

Examinons maintenant les relations qui existent entre les chaînes spiralées d'*Eucampia* décrites par Castracane et Karsten dans la région antarctique et les chaînes droites que j'ai rencontrées à l'exclusion des autres. Ma première impression avait été de ranger les formes que je rencontrais dans le genre *Climacodium* créé par Grunow (2) pour le *Cl. Frauenfeldianum* Grun., dont les individus forment des chaînes rectilignes. Faut-il conserver à la forme des colonies, rectilignes ou spiralées, l'importance qu'on leur attribue dans la classification et continuer à distinguer le genre *Eucampia* « ... in seriem spiralem conjunctæ » du genre *Climacodium*... in catenas longiores perforatas consociata »?

Nous ne le pensons pas et voici pourquoi. Lorsque l'on compare les individus isolés rencontrés dans les pêches du « *Pourquoi Pas?* » aux dessins des formes décrites par Castracane et Karsten pour l'*Eucampia Balaustium* et le *Mölleria antarctica*, la similitude est complète.

Une seule différence, souvent difficile à observer quand les individus dépourvus de bandes intercalaires sont très courts, réside dans l'inégalité des prolongements des valves.

Nous devons donc réunir ensemble les formes à prolongements égaux ou à prolongements inégaux dans le seul genre *Eucampia* dont la diagnose, en ce qui concerne la disposition des chaînes, serait libellée ainsi : « in seriem spiralem vel rectam conjunctæ ».

Il reste maintenant à examiner la question de savoir s'il faut maintenir comme espèces distinctes les formes décrites par Castracane sous les noms de *Mölleria antarctica* et d'*Eucampia Balaustium*.

Quand j'ai procédé à l'analyse des pêches, j'ai été très souvent embarrassé, car je rencontrais souvent, à côté d'individus qui représentaient nettement *E. Balaustium* ou *Mölleria antarctica*, un grand nombre de formes ambiguës qui n'étaient ni l'un ni l'autre. Mon embarras a disparu lorsque

(1) Cleve, *A Treatise on the Phytoplankton of the Atlantic and its Tributaries*... Upsal, 1897, p. 23. — *The seasonal distribution of Atlantic Plankton organisms*. Göteberg, 1900, p. 326.

(2) Grunow, *Reise seiner Majestät Fregatte Novara um die Erde*, Vienne, 1867, Bot., Theil I, Algen, p. 102, Pl. 1*a*, fig. 24.

j'ai trouvé dans la pêche 117, station XXIX, de courtes chaînes où se trouvent réunis sur le même fragment les caractères de l'une et de l'autre espèce. J'ai représenté un certain nombre de ces formes.

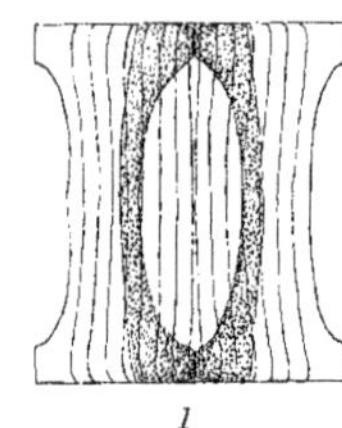

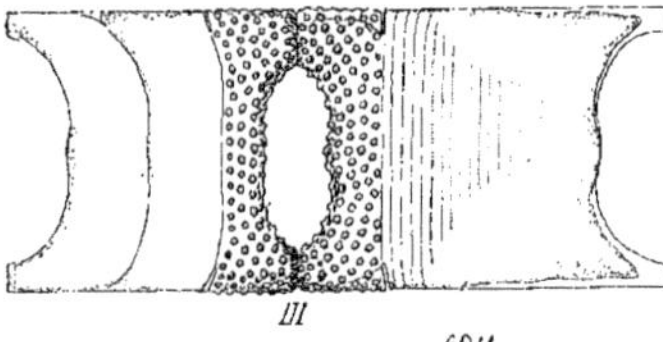

Fig. 43. — I, type *Mölleria* à fines granulations ; II, type *Balaustium* à ponctuations ; III, type *Mölleria* ayant formé en son milieu une forme *Balaustium*.

On voit *E. Balaustium* (fig. 43, II) représenté exactement avec les prolongements courts et épais et la fenêtre polygonale ou lancéolée avec un fort rétrécissement au milieu ; la figure 43, I, montre un *Mölleria antarctica* avec fenêtre ovale, la cellule vient de se diviser et les deux cellules filles sont encore entourées par la membrane de la cellule mère nettement couverte de côtes parallèles.

La figure 44 montre des individus ou des fragments d'individus à membrane nettement côtelée sans autres ornements : c'est le type *Mölleria*.

Enfin la figure 43, III (et Pl. I, fig. 1) montre des chaînes d'individus présentant au centre la forme *E. Balaustium* et aux extrémités la forme *Mölleria* avec côtes très nombreuses par suite de la présence de bandes intercalaires ; la figure 1, Pl. I, est particulièrement intéressante, puisque l'on trouve au milieu la forme *Balaustium* à granules incolores volumineux sur les valves ; à droite et à gauche, une moitié de valve un peu rétractée dans la cuirasse siliceuse avec un réseau polygonal ; enfin, tout à fait aux extrémités à prolongements étroits et longs, la forme *Mölleria* avec côtes nombreuses plus ou moins apparentes.

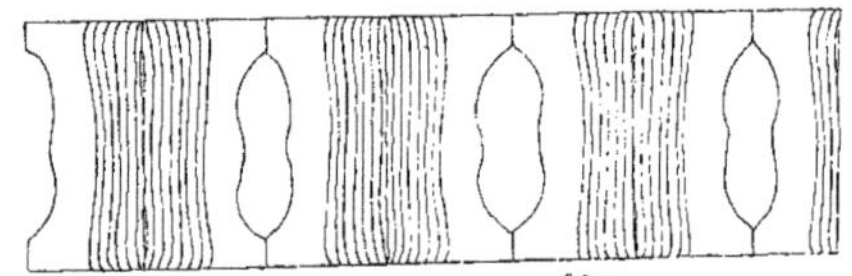

Fig. 44. — Chaîne d'individus (forme *Mölleria*) ayant la formation des valves de *Balaustium*.

Le réseau polygonal, si apparent dans la figure 41 (Pl. I), correspond à la forme d'*Eucampia* dans laquelle la membrane, au lieu d'être couverte de granules, est criblée de pores arrondis (fig. 43, II).

L'*E. antarctica* présenterait alors des formes à membrane mince lisse ou granuleuse au voisinage des fenêtres et plus ou moins longuement côtelée dans les intervalles (f. *Mölleria*), et des formes à membrane épaisse tantôt criblée de pores, tantôt couverte de verrues (f. *Eucampia*).

Ces faits justifient la réunion sous le même nom spécifique des formes que Castracane avait distinguées spécifiquement : la forme *E. Balaustium* représentant ce que Karsten avait déjà signalé comme cellules durables ou cellules de repos, la forme *Mölleria* et les modifications qui en dérivent constituant la forme nageante d'été. Les documents fournis par les pêches du « *Pourquoi Pas?* » n'ont pas permis de préciser plus nettement le rôle des cellules de repos dans le cycle évolutif de l'espèce ; c'est un nouvel exemple de polymorphisme à joindre à celui que nous avons signalé pour le *Biddulphia polymorpha* nov. sp.

Nous réunissons donc sous le nom d'*Eucampia antarctica* (Castr.) toutes les formes que nous venons de passer en revue. L'*E. antarctica* présente tantôt des individus à valves épaisses fortement ornées, *cellules de repos* ; tantôt des individus à valves minces peu ornées, *cellules d'été*, organisées pour la flottaison.

On distingue deux variétés : *E. antarctica* f. *spiralis* caractérisé par la disposition des chaînes d'individus en spirale à peu près dans le même plan : c'est la variété observée par Castracane et par Karsten ; *E. antarctica* f. *recta* à chaînes rectilignes plus ou moins enroulées comme des rubans, c'est la forme que j'ai trouvée exclusivement dans les pêches du « *Pourquoi Pas?* », dans les stations de I à XI, pêches nos 14 à 28, et dans les stations XXVI à XXIX, pêches nos 101 à 117.

Cette espèce a été très abondante dans la station XI, pêche no 27, où elle constituait la dominante d'un plancton d'ailleurs peu abondant ; abondante aussi dans les stations I et II et enfin relativement fréquente dans les stations XXVIII et XXIX.

C'est dans les pêches no 14 que j'ai observé les individus en chaîne, mais la forme d'été existait seule ; c'est au contraire dans la pêche nº 117 que les chaînes présentaient les formes de transition.

Fragilaria Castracanei de Toni.

Sylloge Algarum, Bacillarieae, p. 687. — *Fragilaria antarctica* Castr. (*Dial. Chall. Exped.*, p. 56, Pl. XXV, fig. 1, 2).

Cette espèce est une des plus répandues dans l'Antarctique après *Corethron Valdiviæ*. Elle a été rencontrée dans 23 stations et parfois en assez grande abondance : station VI, pêche nº 21 ; station XXVI, pêche nº 102 ; station XXVIII, pêche nº 115.

Dans un certain nombre de stations où elle était absente, j'ai rencontré une autre espèce de *Fragilaria* à valves non striées ou à striation non visible. Elle était toujours rare et sa rareté n'a pas permis d'en fournir une diagnose précise. Je la désigne sous le nom de *Fragilaria* sp. Elle a fait son apparition dans les stations suivantes : station V, pêche nº 20 ; station VIII, pêche nº 25 ; station XVIII, pêche nº 47, et station XXVII, pêche nº 112.

Guinardia sp.

La pêche nº 117 m'a présenté en grand nombre des frustules cylindriques droites, rarement courbées, qui ressemblent beaucoup au *Guinardia flaccida* si fréquent dans les mers tempérées de l'hémisphère boréal, mais on n'y aperçoit pas la segmentation annulaire, si nette chez cette dernière espèce. Les extrémités des frustules sont bien conformes à ce qui caractérise un *Guinardia* (fig. 45). Dans l'incertitude où je suis de la nature des sculptures sur les faces connectives, je me borne à signaler ces formes sous le nom de *Guinardia*.

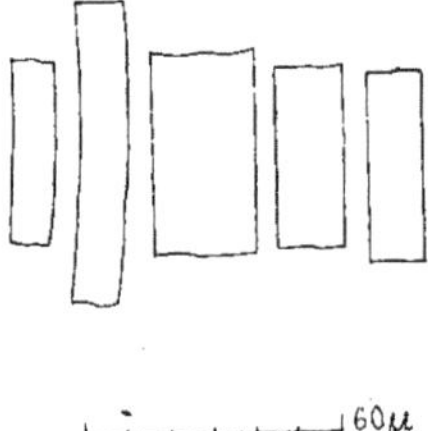

Fig. 45. — *Guinardia* sp. — Différents aspects des valves.

Melosira mucosa nov. sp.

J'ai rencontré dans les stations I, pêche nº 14 ; station II, pêche nº 15 ;

station III, pêche n° 16; puis, plus rare, station XVI, pêche n° 45; station XXVI, pêche n° 101, une forme que j'ai rapportée au genre *Melosira*. Les individus sont cylindriques avec une ceinture marginale aux extrémités des valves qui sont un peu plus étroites et à bords arrondis. Parfois libres, les individus sont réunis en chaînes plus ou moins courbées par un large cordon mucilagineux qui s'applique sur toute la surface externe des valves. La membrane ne présente aucune trace de sculptures, stries ou ponctuations (fig. 46).

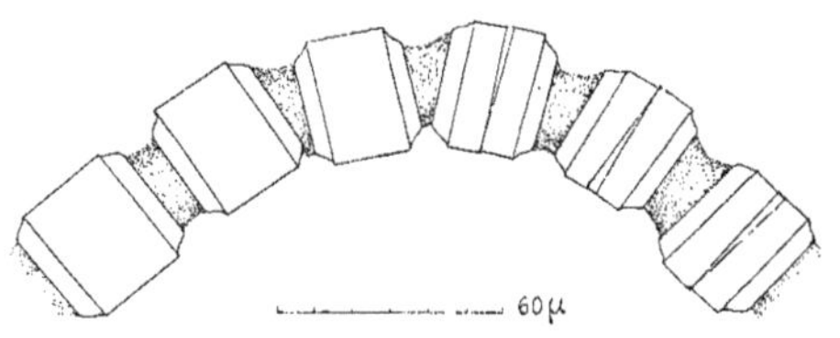

Fig. 46. — *Melosira mucosa* nov. sp. — Chaîne d'individus réunis par des coussinets mucilagineux.

J'avais d'abord rapporté cette espèce au *Melosira hyalina*. Mais elle n'a rien de commun avec l'espèce désignée sous ce nom par Castracane (1) nom que de Toni a changé en celui de *Melosira hyalinula* parce qu'il faisait double emploi avec le *M. hyalina* de Sypniew.

Elle présente avec le *M. hyalina* de Karsten (2) plus de ressemblance, par la réunion des individus en une chaîne plus ou moins longue au moyen d'un disque mucilagineux, mais la dimension ainsi que la disposition des valves ne correspondent pas à la forme que j'ai décrite. D'après Karsten, les individus ont 18 μ de large; ceux que j'ai rencontrés ont 35 μ de large et 30 à 35 μ de longueur et il me paraît impossible de les identifier avec le *M. hyalina* de Karsten.

Je proposerai de désigner cette espèce sous le nom de *Melosira mucosa* pour rappeler la présence du disque mucilagineux qui réunit les individus en chaîne.

Très abondante dans la station I, près de Port-Lockroy, cette espèce a rapidement diminué d'importance pour disparaître dans la station IV et ne plus se rencontrer qu'à l'état aberrant dans les stations XVI et XXVI.

Voici la diagnose de cette nouvelle espèce :

Melosira mucosa n. sp. — Valvis cylindricis cingula lata connectivali

(1) Castracane, *loc. cit.*, p. 94. Pl. XXI, fig. 1.
(2) Karsten, *loc. cit.*, p. 70, texte, Pl. I, fig. 1.

inornata præditis; cellulis in catenas plus minus flexuosas, disci mucosi varie crassi, cujus latitudo vix cellulæ singulæ latitudinem adæquat ope, connexis; valvarum latit. 35 µ; frustulæ singulæ longit. 30-35 µ.

In mari antarctico 65° inter et 70° lat. austr.

Quant au *Melosira hyalina* de Karsten, il ne peut pas conserver le nom donné par son auteur; je le désignerai sous le nom de *Melosira Karsteni*, syn. *M. hyalina* Karsten (non *Melosira hyalina* Sypn.; non *Melosira hyalina* Castr.).

Melosira Sol (Ehr.) Kuetz.

Species Algarum, p. 31; V. H. Syn. Pl. XCI, fig. 7-9; *Gallionella Sol*, Ehr. in Berlin, 1844, p. 202, Mikrog., Pl. XXXV, A. XXII, fig. 12; *Gallionella Oculus*, Ehr. in Berlin, 1844, p. 202; *Melosira Oculus* Kuetz. *Species Algarum*, 1849, p. 31; *Cyclotella radiata* Brightw., in *Micr. Journ.*, VIII, Pl. VI, fig. 11?; *Melosira radiata* Grun., *Alg. Novara*, p. 27.

Cette jolie et bien caractéristique espèce de la région antarctique a été rencontrée dans les stations suivantes : XVI, pêche n° 45; XXIV, pêches n° 81, 83 et 91; XXV, pêche n° 98.

Elle était rare partout, sauf dans la dernière station, où elle s'est montrée assez abondante.

On l'a trouvée, en outre, dans un certain nombre d'autres stations, mais à une certaine profondeur. Ainsi dans la station XXI, au mois de mars, elle est absente à la surface de 0 à 20 mètres, pêche n° 58, rare jusqu'à 80 mètres, pêches nos 59-60-61; elle devient assez abondante de 80 à 120 mètres, pêches nos 62-63.

Dans la même station, au mois de mai, elle est encore absente à la surface de 0 à 20 mètres, mais elle est abondante de 20 mètres à 100 mètres et tend à disparaître plus bas.

En raison de sa forte silicification et de sa forme, elle tend plutôt à descendre dans les profondeurs et seuls les courants d'une certaine vitesse peuvent la maintenir à une distance relativement faible de la surface; aussi est-ce une espèce essentiellement néritique.

Le *Melosira Sol* n'a été signalé jusqu'à présent que dans l'Antarctique : par Ehrenberg dans les récoltes effectuées par le capitaine Ross dans les mers polaires du Sud (1). Castracane (2) le signale dans le voisinage de l'île de Kerguélen et il fait des formes qu'il a examinées une variété nouvelle. Karsten (3) l'a rencontré aussi à l'île de Kerguélen, bassin de la Gazelle, à 14 mètres de profondeur, sur ou entre les grandes Algues.

Déjà antérieurement, en 1874, la « Gazelle », qui transportait la mission allemande chargée d'observer le passage de « Vénus », avait rapporté, parmi les nombreuses Diatomées récoltées à Kerguélen, le *Melosira Sol* (4).

Enfin van Heurck, qui a étudié les Diatomées des sondages de l'expédition antarctique belge (5), signale le *Melosira Sol* dans le sondage n° 9 par 64° 25 latitude sud et 62° 02 longitude ouest, dans l'archipel Palmer.

A côté de cette espèce type, il place une variété *M. subhyalina*, qui paraît s'y rapporter aussi. En même temps, van Heurck crée un certain nombre d'espèces de *Melosira* : *M. antarctica*, *M. Deblockii*, *M. Deblockii* var. *punctata*, *M. de Wildemanii*, qui paraissent aussi voisines du *Melosira Sol* que la variété *subhyalina* qu'il en rapproche.

Nous ne pouvons que formuler des doutes sur l'authenticité de ces espèces, d'autant plus qu'à propos du *Biddulphia polymorpha* l'auteur a créé un certain nombre de types spécifiques pour les variations de cette espèce. J'ai pu démontrer, chez le *Biddulphia polymorpha*, que les espèces de van Heurck devaient être rejetées, je ne puis, à propos des formes affines au *Melosira Sol*, faire quant à présent la même démonstration.

Quoi qu'il en soit, cette espèce existe encore plus au sud, puisque je l'ai trouvée en abondance dans différentes pêches exécutées, autour de Pétermann, à environ 69° latitude sud, pendant la seconde expédition française antarctique.

Grunow (6) a signalé dans la région arctique, Terre de François-Joseph, une forme qu'il a désignée sous le nom de *Melosira polaris*, qui rappelle le *Melosira Sol*, mais s'en distingue par sa petite taille et par l'existence de

(1) Ehrenberg, *Bericht. üb. d. Verhandl. d. Akad.*, Berlin, t. IX, 1844, p. 202. — J.-D. Hooker, *The cryptogamic Botany of the Antarctic voyage of H. M. « Discovery » ship « Erebus » and « Terror » in the years 1839-1842-1845*, p. 203.

(2) Castracane, *Chall. Exp.*, p. 93, Pl. X, fig. 3 : Pl. XVII, fig. 13, et Pl. XXI, fig. 7.

(3) Karsten, *loc. cit. Phyt. Antarkt.*, p. 71, Pl. I, fig. 3 à 9.

(4) Van Heurck (H.), *Voyage « Belgica »*, Botanique, Diatomées, p. 57.

(5) Van Heurck, *loc. cit.*, p. 33. Pl. VII, fig. 100 et 101 : Pl. VIII. fig. 102 à 104.

(6) Grunow. *Die Diatomeen von Franz-Josefs Land.*, 1884. p. 43, Pl. E, fig. 33.

nodules marginaux dans l'intervalle des rayons. Grunow émet l'idée que les grandes formes avec rayons courts laissant un grand espace central sont caractéristiques de l'Océan Antarctique, tandis que les petites formes appartiendraient à l'Océan Pacifique, du Chili à la Californie et à la région arctique. Les documents que nous possédons sont trop incomplets pour nous permettre de nous prononcer sur ce point. Nous n'avons à retenir qu'un seul fait : l'existence du *Melosira Sol* dans la région antarctique du 45° latitude sud au 70°.

Melosira sphærica Karsten.

Cette espèce, créée par Karsten (1) pour des formes rencontrées dans une demi-douzaine de stations, est constituée par des individus à valves hémisphériques hyalines isolées ou réunies en chaînes par une petite quantité de mucilage. Elles sont caractérisées par leur faible silicification. Aussi, sont-elles souvent déformées dans les préparations où elles ont été conservées (fig. 47).

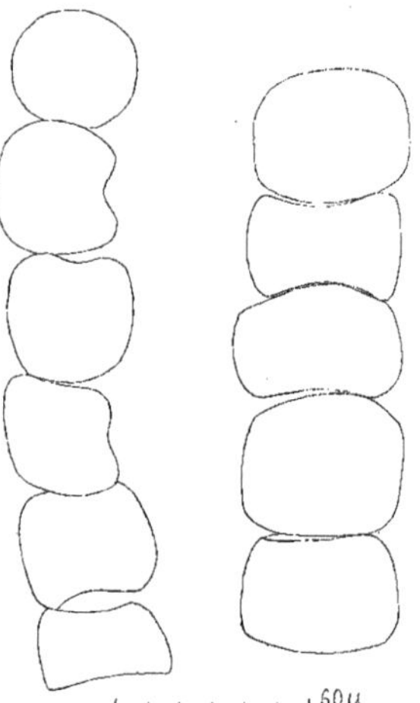

Fig. 47. — *Melosira sphærica* Karsten.

J'ai rencontré le *M. sphærica*, station II, pêche n° 15, où il était abondant et présentait de nombreuses chaînes à quatre ou six individus ; station XII, pêche n° 39, où il a été aussi extrêmement abondant ; puis enfin à la station XXVI *ter*, pêche n° 102.

Cette espèce n'a été rencontrée jusqu'ici que dans l'Antarctique.

NITZSCHIA

Parmi les espèces de ce genre, quatre ont été rencontrées dans les pêches du « *Pourquoi pas?* » : *Nitzschia angustissima* H. V. H., rare, trouvé

(1) Karsten, *Phytopl. Antarkt.*, p. 70, Pl. I, fig. 2.

station XIII, pêche n° 141; *Nitzschia Closterium* W. Sm., stations XXVIII, pêche n° 114, et XXIX, pêche n° 117; *Nitzschia Gazellæ* Karsten, station XIII, pêche n° 141, et station XXIX, pêche n° 117; et enfin *Nitzschia seriata* Cleve, station XXVI *ter*, pêche n° 102; station XXVIII, pêches n° 114 et 115, et station XXIX, pêche n° 117.

C'est dans la pêche n° 117 que ces espèces sont particulièrement nombreuses.

Elles ne présentent pas d'intérêt particulier, sauf la forme que j'ai rapportée au *Nitzschia Closterium* W. Sm. Les individus rencontrés pêche n° 114 et surtout n° 117 se présentent tantôt avec une forme rectiligne qui ne permet pas de les séparer du véritable *N. Closterium*, mais on trouve à côté de ces individus d'autres formes dont les extrémités sont plus ou moins courbées, mais qui ressemblent beaucoup aux précédents (fig. 48). Aussi n'ai-je pas cru devoir les séparer.

Fig. 48. — *Nitzschia Closterium* W. Sm.

RHIZOSOLENIA

Les espèces de ce genre ne sont ni variées ni fréquentes dans le plancton de l'Antarctique, sauf le *Rhizosolenia truncata* Karsten; elles sont presque toutes cantonnées dans les dernières stations, XXVIII, XXIX et XXX.

Rhizosolenia antarctica Karsten.

Il a été trouvé (fig. 49), mais toujours à l'état de rareté, dans la station I, pêche n° 14; station III, pêche n° 17; station XII, pêche n° 34; station XXVI, pêche n° 101, et station XXVIII, pêche n° 115.

Fig. 49. — *Rhizosolenia antarctica* Karsten.

Rhizosolenia alata var. **inermis** (Castr.)

Rhizosolenia inermis Castr., *Dial. « Challenger » Exped.*, 1886, Pl. XXIV, fig. 7, 8, 10 et 11, p. 71 ; non *R. oblusa* Hensen, Ueber d. Bestimmung des Plankton's (5. *Ber. d. Komm. z. Wissensch. Unters. d. deuts. Meere in Kiel*, 1887. p. 86, fig. 41, Pl. V; *R. inermis* Peragallo, *Monographie du genre Rhizosolenia*, 1892, p. 20, Pl. V, fig. 15; *R. inermis* var. ? *rigida* H. P., *loc. cit.*, Pl. V, fig. 18; *R. rigida* H. P., *loc. cit.*, Pl. V, fig. 16 ; *R. alata* var. *truncata* Gran, *Den Norske Nordhavs-Exped.*, 1876-1878, Protophytes, p. 6, Pl. IV, fig. 67 *a-b-c*.

Cette variété de *R. alata*, élevée au rang d'espèce par Castracane, a été retrouvée par Karsten (1) dans un grand nombre de stations (une douzaine), depuis le 54° 29'5 jusqu'au 64° de latitude sud.

Je l'ai rencontrée seulement dans les stations XXVIII, pêches nos 114 et 115, et XXIX, pêche n° 117, jusqu'au 69° 36 de latitude sud, où elle était assez abondante.

En 1887, Hensen (2) a décrit sous le nom de *R. obtusa* une forme rencontrée dans l'Océan Atlantique, qu'il rapproche du *R. arafurensis* Castr., mais il ne fait pas mention de sa ressemblance avec le *R. inermis* Castr. Peragallo (3) constate que *R. inermis* Castr. paraît être constitué par de « grosses variétés du *R. alata* », mais, comme il admet que cette dernière espèce est « généralement très constante dans ses caractères », il conserve le *R. inermis* comme espèce et, sans tenir compte de la diagnose de Castracane, qui seule doit être prise en considération, il en donne une nouvelle.

Gran (4) a signalé et figuré sous le nom de *R. alata* var. *truncata* des formes rencontrées dans l'Océan Atlantique, qui se distinguent de la forme principale et de la variété *gracillima* par une calyptre plus courte avec une pointe droite large et brusquement tronquée. Diam. : 5-13 μ.

C'est Cleve le premier (5) qui a identifié le *R. robusta* et le *R. alata* var. *truncata*, sans donner d'indications sur les raisons de cette identification.

Puis, en 1900 (6), il confirme cette identification et la complète en rapprochant des espèces précédentes le *Rh. inermis* Castr.

« ... Il n'y a, autant que j'en puis juger, aucune différence spécifique entre

(1) Karsten, *loc. cit.*, Pl. IX, fig. 12.
(2) Hensen, *loc. cit.*, p. 86, Pl. V, fig. 41.
(3) Peragallo *Mon. d. Rhiz.*, 1892, p. 20, Pl. V, fig. 15.
(4) Gran (H.-H.), *D. norske Nordhavs-Exp.* Bot., Christiania. 1897. p. 6, Pl. IV, fig. 67 *a, b, c*.
(5) Cleve, *A Treatise on the Phytoplankton of the Atlantic and its Tributaries*, 1897, p. 25.
(6) Cleve. Plankton from the southern Atlantic and the southern Indian Ocean (*Ofvers. af K. Vet. Ak. Forhand.* 1900, p. 954).

l'antarctique *R. inermis* et le boréal *R. obtusa*. Le premier est un peu plus gros et possède des lignes d'imbrication plus visibles « à la hauteur de la zone ». Gran (1) confirme cette idée en réunissant comme espèce distincte, sous le nom de *R. obtusa* Hensen, sa forme *alata* var. *truncata* et les formes *obtusa* de Cleve et d'Ostenfeld. Il ajoute que Cleve a affirmé que ces formes sont identiques à *R. inermis* Castr., mais qu'Ostenfeld ne partage pas cette idée. Dans la circonstance, c'est Ostenfeld qui a raison, et nous ne comprenons pas comment Cleve a pu identifier le *R. obtusa*, tel qu'il est figuré par Hensen, avec le *R. inermis* de Castracane.

Examinons d'un peu près les caractères de la forme en discussion. Les valves cylindriques très allongées ont ordinairement de 10 à 20 μ de diamètre ; elles sont terminées en pointe un peu courbée, toujours brusquement tronquée et présentant à peu de distance du sommet une profonde impression destinée à loger l'extrémité de la valve contiguë au moment de la division.

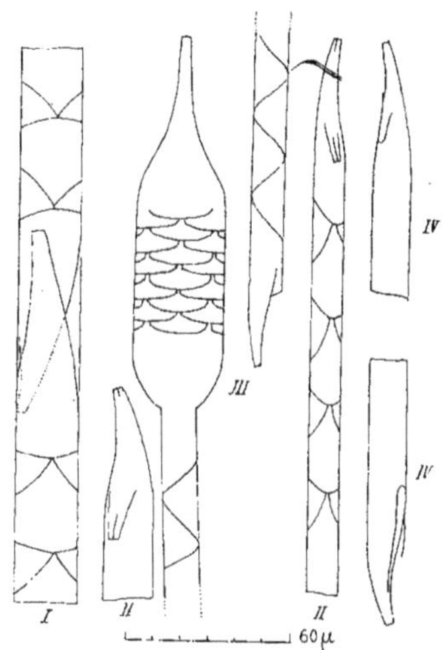

Fig. 50. — *Rhizosolenia alata* var. *inermis* (Castr.) nob. — I, deux extrémités des cellules filles dans la cellule mère ; II, extrémité de la calyptre vue de face ; III, un individu développant à son extrémité une forme large ; IV, extrémité de la calyptre vue de profil.

Ce caractère est commun aux formes désignées sous le nom de *R. alata* Brightw. et *R. inermis* Castr. et doit nous inviter à les réunir sous le même nom spécifique. Toutefois, certaines particularités de la forme *R. inermis* autorisent à la considérer comme une variété de *R. alata*.

En effet, l'extrémité des valves brusquement tronquée ressemble au bec d'une plume de ronde et la ressemblance est encore accusée par l'exis-

(1) Gran, *Die Diatomeen der arktischen Meere*, I Theil. Die Diatomeen des Planktons, Iéna, 1904, p. 527.

tence au milieu de ce bec d'une courte ligne médiane (fig. 50, II, IV) dont l'impression est ordinairement marquée dans le sillon qui forme la gaine de la valve suivante. Ce caractère a été nettement indiqué par Castracane dans les dessins et dans la diagnose.

Peragallo signale en outre, au fond de l'impression de la calyptre, l'existence d'une épine que je n'ai jamais réussi à voir dans les exemplaires que j'ai examinés. Peut-être a-t-il considéré comme une épine la ligne médiane située au fond de l'impression ou la partie extérieure de la gaine qui se prolonge au delà de la surface des valves et simule en effet une épine (fig. 50, IV).

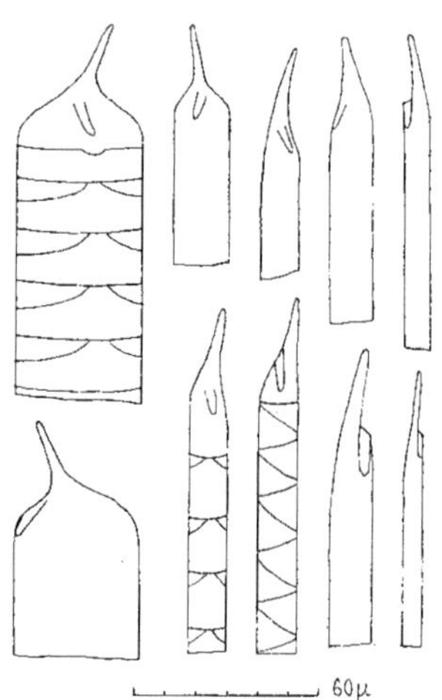

Fig. 51. — *Rhizosolenia alata.* — Formes diverses depuis *gracillima* jusqu'à *corpulenta.*

Si maintenant on compare les formes que je viens de décrire au véritable *R. alata* de l'Océan (fig. 51), on constate une grande ressemblance entre elles par l'existence de la gaine où se logeait la valve contiguë au moment de la division et le prolongement de cette gaine qui simule encore une épine, signalée par Brightwell (1). En réalité, cette épine ne paraît pas exister chez le *R. alata*, non plus que chez le *R. inermis*.

La différence entre ces deux formes réside surtout dans la pointe de la calyptre qui est relativement longue chez le *R. alata* et toujours brusquement tronquée chez le *R. inermis*; en outre, on ne trouve pas chez le *R. alata* typique l'impression linéaire caractéristique de la variété *inermis*.

L'imbrication est très constante chez le *R. alata* (fig. 51); elle est variable chez le *R. inermis* suivant la largeur des individus. Quand ceux-ci ont un diamètre de 10 à 20 μ, l'imbrication est semblable à celle de

(1) Brightwell, *Journ. of microsc. Soc.*, t. VI, Pl. V, fig. 8.

R. alata; si leur diamètre dépasse 30 μ, le nombre des écailles devient double (fig. 50, III) et si le fragment qui les porte n'avait été en continuité avec une forme étroite, j'aurais été tenté de faire de la forme large de la pipette une espèce différente de *R. inermis*.

Nous devons donc, en présence de ces faits, considérer le *R. inermis* Castr. comme une simple variété de *R. alata* sous le nom de *R. alata* var. *inermis* (Castr.) nob. Cette variété n'a aucune relation avec le *R. obtusa* Hensen; elle englobe comme synonymes : *R. inermis* Castr. ; *R. inermis* H. P. ; *R. alata* var. *truncata* Gran, et probablement aussi *R.* (*inermis* var. ?) *rigida* H. P.; *R. indica* H. P., car l'imbrication de ces dernières formes est en tout semblable à la partie dilatée de la forme en pipette (fig. 50, III) du *R. alata* var. *inermis*.

Je ne ferai que signaler le *R. Rhombus* Karsten, trouvé dans une seule station (station XXX, pêche n° 119) et le *R. semispina* Hensen, toujours rare dans les stations XXVIII et XXX. Les formes que j'ai rencontrées ne présentent rien de particulier.

Rhizosolenia polydactyla Castr.

Castracane, *Dial. Chall. Exped.*, p. 71, Pl. XXIV, fig. 2; H. Peragallo, *Monogr. d. Rhizosolenia*, p. 17, pl. IV, fig. 7 ; *R. styliformis* f. *latissima* Brightw., in *Micr. Journ.*, 1858, Pl. V, fig. 5 *c* ; *R. styliformis* var. *lata* Lemmerman, *Erg. einer Reise n. d. Pacific.* Plankton algen., p. 315, 351.

J'ai rencontré cette forme dans un certain nombre de stations (station IX, pêche n° 26; station X, pêche n° 27; station XXVIII, pêches nos 114, 115 ; station XXIX, pêche n° 117, et station XXX, pêche n° 119) où elle est rarement abondante.

Elle constitue de courtes chaînes, toujours incurvées, d'individus trapus de 25 à 35 μ de diamètre et de 85 à 90 μ de longueur, rarement plus (fig. 52, *a*). Les lignes d'imbrication sont assez serrées, mais plus ou moins inégales. Elle présente un dimorphisme caractéristique que ni Castracane, ni Karsten n'ont observé et qui a été signalé par van Heurck (1). Chez les individus normaux, les valves, terminées en pointe courte,

(1) Van Heurck (H.), *Résult. du Voyage du « S. Y. Belgica », 1897-1899*, Botanique, Diatomées, p. 28, Pl. IV, fig. 66 à 67, 70, 71, et 74, 75.

sont munies d'un mucron parfois assez long (10 ou 12 μ), ayant à sa base une expansion aliforme et creusée d'une cavité claviforme, en tout semblable au *R. styliformis* type, mais bien plus court (fig. 52, *c*, *d*). Lorsque le mucron dépasse à peine les expansions aliformes, comme dans les figures données par van Heurck (fig. 70, Pl. IV), c'est qu'il a été brisé.

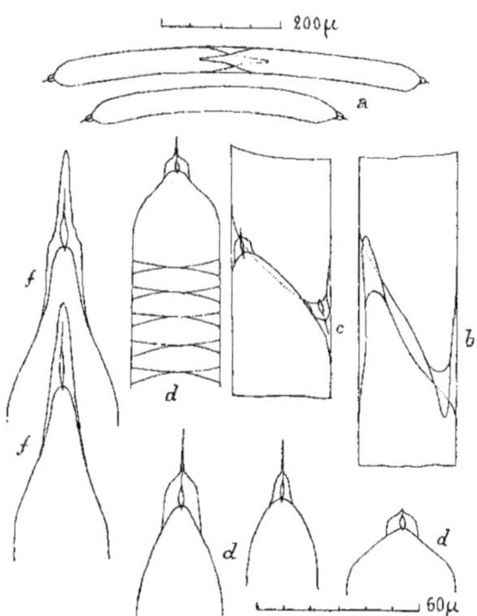

Fig. 52. — *Rhizosolenia polydactyla* Castr. — a, Aspect des individus entiers; *b*, *f*, extrémité de la calyptre formant une pointe mousse; *c*, *d*, extrémité de la calyptre avec pointe ailée.

A côté de ces individus, on en trouve d'autres un peu plus courts à membrane épaisse fortement incrustée, à lignes de suture larges dont les valves sont assez effilées et terminées par une pointe robuste à surface irrégulièrement bosselée, à parois très épaisses présentant au centre une cavité claviforme qui, comme dans le type, pénètre un peu dans le sommet de la valve (fig. 52, *b*, *f*.).

Van Heurck considère cette dernière forme trapue, robuste, comme des *endospores*. Nous ne croyons pas cette acception fondée à cause de l'existence d'individus mixtes et nous pensons que cette forme robuste est une forme de repos, tandis que les autres présentent, avec leur membrane plus fragile, les formes nageantes, végétatives.

Le *R. polydactyla* présenterait alors, comme l'*Eucampia antarctica*, deux formes différentes.

Les formes mixtes présentent des individus isolés ou réunis par paires, dont l'une des extrémités présente le mucron délicat et ailé caractéristique du *R. styliformis*, tandis que l'autre extrémité, très robuste, est élancée à pointe épaisse et émoussée (fig. 52, *a*).

On n'a pas encore observé d'endospores se développant ainsi aux dépens des valves de la cellule mère, et la figure donnée par van Heurck (Pl. IV, fig. 75) sous ce nom représente une forme que j'ai rencontrée dans les pêches du « *Pourquoi Pas ?* » et qui constitue une carapace de Tintinnoïde.

Malgré la ressemblance du *R. polydactyla* avec le *R. styliformis*, nous continuerons à le considérer, avec Castracane et Peragallo, comme une espèce distincte, à cause de la brièveté de sa calyptre et de son mucron. Toutefois, dans le genre, le *R. styliformis* forme un type de section qui contiendrait le *R. polydactyla*.

Rhizosolenia styliformis Brightw.

Brightwell, in *Micr. Journal*, 1858, p. 96, Pl. V, fig. 5 *a-b-c-d*. — Van Heurck, *Synopsis*, Pl. LXXVIII, fig. 1-5; Pl. LXXIX, fig. 1, 2, 3, 4. — Peragallo, *Monogr. Rhizosolenia*, p. 16, Pl. IV, fig. 1-5. — L. Mangin, *Phytoplancton de Saint-Vaast-la-Hougue*, p. 213, fig. 6.

J'ai rencontré, quoique très rare, le véritable *R. styliformis* dans la pêche 117, station XXIX, sous l'aspect de formes très grêles ayant à peine 8 ou 10 μ de largeur (fig. 53), mais le mucron terminant les valves, assez mal représenté dans les dessins des divers auteurs et dont j'ai récemment précisé la constitution, ne laisse aucun doute que ces formes grêles n'appartiennent au *R. styliformis*.

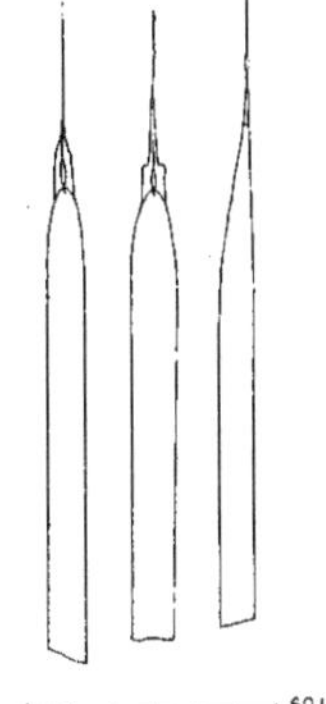

Fig. 53 — *Rhizosolenia styliformis*. Btw. — Formes grêles.

Rhizosolenia truncata Karsten.

Karsten, *Phytopl. d. Antarkt. Meeres*, p. 97, Pl. X, fig. 3, 3*a*.

Cette espèce est sinon la plus abondante, au moins la plus répandue, car on la rencontre dans un plus grand nombre de stations que les précédentes (station I, pêche n° 14; station II, pêches n°s 15, 16 ; station IV, pêche n° 19 ; station V, pêche n° 20 ; station VIII, pêche n° 25 ; station XXVIII, pêches n°s 114 et 115).

Elle se présente en chaînes rectilignes ou à l'état d'individus isolés dont les valves sont terminées par une pointe légèrement tordue à extrémité arrondie et sans mucron (fig. 54, I). Le diamètre varie de 8 à 15 μ chez les formes les plus nombreuses, et quand elles présentent des auxospores le diamètre atteint 35. Elle offre quelques déformations intéressantes : tantôt les extrémités des valves s'allongent en un prolongement creux de 15 à 40 et 45 μ de longueur, et de 2 à 1,50 μ de diamètre (fig. 54, II); tantôt, au contraire, les valves se terminent brusquement par une extrémité conique arrondie et droite (fig. 54, III). Dans tous les cas, la membrane demeure mince et les lignes d'imbrication sont à peine visibles.

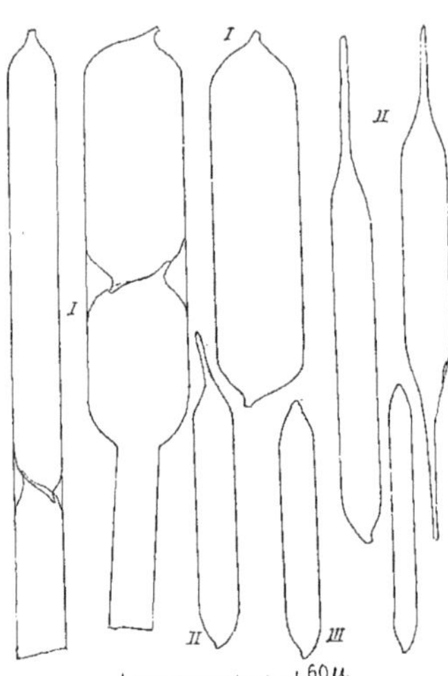

Fig. 54. — *Rhizosolenia truncata* Karsten. — I, formes normales; II, formes anormales à extrémités effilées; III, formes à calyptre presque nulle.

Synedra Reinboldii H. V. H.

Van Heurck, *Voy. « Belgica »*, Diatomées, p. 23, Pl. III, fig. 35, 1909. — *Synedra spathulata* Schimper. Karsten, *Phytopl. d. Antarktisch. Meeres*, 1905, texte, p. 124, Pl. XVII, fig. 11, *a*, *b*, *c*. — Non *Synedra spathulata* O'Meara, Report on the Irish Diatomaceæ (*Proc. of the R. Irish Academy*, II, 1875, p. 310, Pl. XXVIII, fig. 34).

Cette belle espèce a été trouvée dans quelques stations, et parfois avec abondance (station XXVI *ter*, pêche n° 102; station XXVIII, pêches nos 114 et 115; station XXIX, pêche n° 117; station XXX, pêche n° 119); rare dans la station XXVI, elle était assez abondante dans les pêches nos 114 et 117.

Le nom donné par Schimper ne pouvait être conservé, puisque O'Meara a déjà désigné par *S. spathulata* une espèce d'eau douce de l'Irlande : nous avons adopté le nom de van Heurck, bien qu'il soit postérieur à celui de Schimper.

Thalassiosira antarctica Comber.

Cleve, Plankton from the southern Atlantic and the southern Indian Ocean (*Öfvers af k. Vetens. Akad. Förhandl.*, 1901, p. 919). — *Thalassiosira antarctica* Karsten, *Phyt. d. Antarkt. Meeres*, texte, p. 73; Pl. II, fig. 2, 2*a*, 3.

Cette espèce, signalée par Cleve d'après un manuscrit de Comber avec photographie, serait caractérisée par des frustules réunis au moyen d'un cordon muqueux central, présentant une rangée marginale de petits apicules serrés. Les sculptures délicates des faces valvaires sont disposées comme chez *Coscinodiscus hyalinus* Grun. ou *C. bioculatus*. C'est aussi à cette espèce que se rattacheraient, d'après Cleve, *C. decipiens* Grun. et *C. antarcticus* Grun., bien que chez cette dernière espèce le réseau de sculptures soit assez différent de celles des autres espèces.

Karsten, sans signaler l'espèce de Comber, a créé aussi un *Thalassiosira antarctica* qui répond à la description donnée par Cleve pour la structure des valves. Bien que le dessin des faces valvaires chez *C. hyalinus* Grun. et *bioculatus* Grun., ainsi que chez *T. antarctica* Karsten, marque la présence d'un biseau au niveau de la rangée des apicules, ce biseau n'est pas indiqué par Karsten sur le fragment de chaîne vu par la face connective.

J'ai retrouvé l'espèce de Comber dans une douzaine de stations. Très abondante dans la station I, pêche n° 14 ; un peu moins abondante station III, pêche n° 16 ; station IV, pêche n° 69 ; station XXVI *bis*, pêche n° 101 ; station XXVI *ter*, pêche n° 102, elle est rare partout ailleurs.

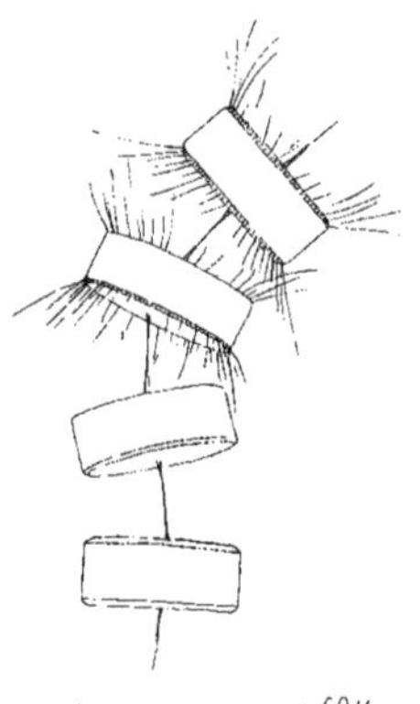

Fig. 55. — *Thalassiosira antarctica* Comber.

Les formes que j'ai observées diffèrent un peu de celles que Karsten a figurées, les cellules sont en général plus plates et la ceinture médiane plus large que cet auteur ne l'indique, enfin, les angles des cellules, lorsqu'elles sont vues par la face connective, sont moins arrondis ; mais on peut trouver toute une série de formes intermédiaires qui m'engage à réunir toutes les formes dans l'espèce de Karsten.

Dans une colonie adulte, les cellules ont 35 à 40 μ de large et 18 μ de longueur (fig. 55) ; elles sont réunies les unes aux autres par un filament muqueux central un peu plus épais au niveau de l'insertion que vers le milieu ; on voit qu'il est constitué par l'accolement d'un certain nombre de filets muqueux. Les valves sont tantôt arrondies sur les bords, tantôt munies d'un faible biseau marqué d'une rangée d'apicules.

Dans certaines colonies, on voit s'échapper de la surface du biseau un grand nombre de très fins filaments muqueux tantôt rectilignes, tantôt légèrement courbés ; quand ces filaments muqueux manquent, le bord des valves est garni de très courtes épines qui représentent sans doute la base de ces filaments lorsqu'ils ont été brisés.

Dans la pêche n° 14, on rencontre un grand nombre de colonies de jeunes individus qui sont enrobés dans une masse mucilagineuse. Tantôt ces colonies sont

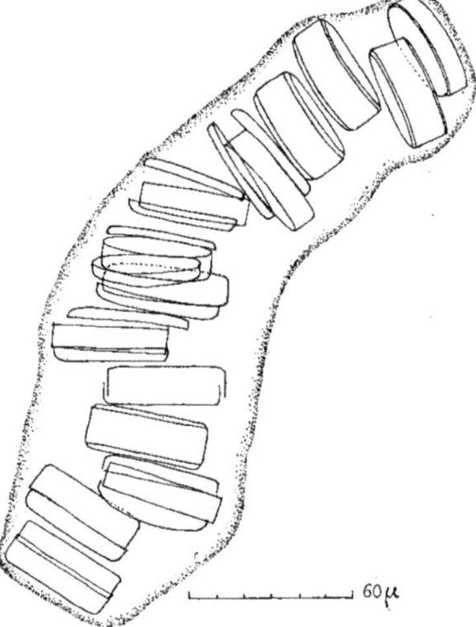

Fig. 56. — Colonies de *Thalassiosira antarctica*.

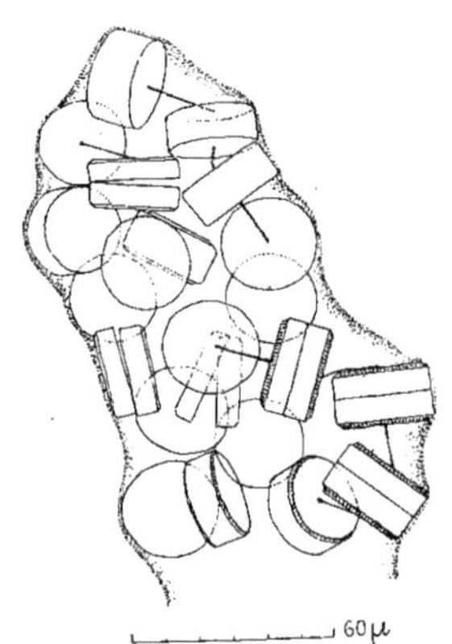

Fig. 57. — Colonies de *Thalassiosira antarctica*.

formées d'individus à valves plates, près du tiers plus courtes que leur diamètre (fig. 56) ; tantôt les individus sont plus longs, 15 × 23 μ ; on en voit même qui sont en voie de division dans la colonie, bien qu'ils n'aient pas encore les dimensions des individus adultes (fig. 57).

Il est impossible de connaître l'origine de ces colonies, celles que j'ai observées étant déjà assez avancées dans leur développement ; il est possible que ce soit des essaims de microspores qui ont germé dans la même masse mucilagineuse, mais je n'ai aucune donnée permettant de démontrer cette origine.

Van Heurck n'a pas signalé cette espèce dans les sondages de l'expédition antarctique belge, mais il a signalé l'existence du *Th. gravida* si commun dans les mers australes.

Cette espèce offre quelque ressemblance avec le *Th. antarctica*; elle s'en distingue par l'absence du biseau d'où s'échappent les fins filaments muqueux.

PÉRIDINIALES

Les Péridiniales ne retiendront pas longtemps notre attention, car ces Algues sont rares dans le planeton de l'Antarctique.

Le fait le plus saillant est l'absence complète des espèces du genre *Ceratium*. Je n'ai pas observé un seul individu dans les nombreuses pêches examinées. Je n'ai pas rencontré davantage les grandes formes de *Peridinium* : *P. oceanicum*, *P. depressum*. Seules les petites formes voisines de *P. pellucidum*, *P. pentagonum* se trouvent dans les pêches n°s 20, 22, 26, n°s 114 et 119. C'est dans ces pêches seulement que les Péridiniens se sont montrés en assez grand nombre, bien qu'ils constituent toujours une partie négligeable du planeton, relativement à la masse des Diatomées.

Parmi les genres et les espèces rencontrés, je signalerai :

Dinophysis sp. ;

Peridinium pellucidum (Berg) Schütt ;

Peridinium pentagonum Gran ;

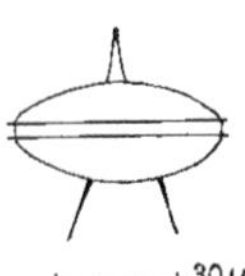

Fig. 58. — *Peridinium applanatum* nov. sp.

Puis le *P. antarcticum* Karsten et une nouvelle espèce que je désigne sous le nom de *Peridinium applanatum*. Elle appartient au groupe du *P. Steinii* et présente (fig. 58) un aplatissement considérable des deux régions apicale et antapicale; le diamètre transversal, d'environ 50 μ, est le double du diamètre longitudinal, déduction faite des épines et du col apical. Ce dernier, très long, a environ 12 à 15 μ et s'insère brusquement sur la région apicale ; les deux épines antapicales divergentes à peine ailées ont aussi environ 15 μ.

Rencontrée dans les diverses pêches que j'ai signalées, cette espèce est toujours rare ; je n'ai jamais trouvé dans chaque préparation que deux ou trois individus. Il m'a été impossible de déterminer la tabulation : c'est pourquoi je me borne à donner la figure sans diagnose.

III. — OBSERVATIONS GÉNÉRALES

L'examen des stations de pêches planctoniques effectuées pendant la deuxième expédition antarctique française permet de distinguer plusieurs groupes différents par leurs flores.

Un premier groupe, comprenant les stations I à IV, pêches nos 15 à 19 inclus, représente les pêches exécutées entre le 64 et le 65° de latitude sud, chenal de Rosen, île Lockroy et Port-Circoncision dans l'île Pétermann.

Dans ce groupe, les espèces dominantes, très abondantes, appartiennent à *Corethron Valdiviæ*, *Coscinodiscus Bouvet*, *Biddulphia striata*, *Eucampia antarctica* et *Thalassiosira antarctica*. A ces espèces on peut joindre (pêches nos 14 à 16) les *Melosira mucosa* et *M. sphaerica*, *Eucampia antarctica* qui disparaissent à Port-Circoncision et sont remplacées par *Coscinodiscus subbulliens*. Dans ce groupe, les *Chætoceros* sont rares, quoique déjà variés, ainsi que les *Coscinodiscus* et les *Rhizosolenia*.

Un deuxième groupe est constitué par les pêches effectuées dans la baie Marguerite entre la Terre Adélaïde et la Terre Alexandre, stations V à XI, pêches nos 20 à 32.

Là, le *Coscinodiscus Bouvet* commence à devenir très rare avant de disparaître entièrement; par contre, les autres *Coscinodiscus* sont abondants et variés, notamment le *C. Oculus-Iridis* et le *C. radiatus*. Le *Corethron Valdiviæ* est inégalement représenté, parfois très abondant, pêches nos 22 et 27; il est le plus souvent rare.

Le *Biddulphia striata* devient rare aussi avec *Eucampia antarctica* qui n'est entièrement abondant que dans la pêche n° 27, près l'île Jenny. Les *Chætoceros* ont entièrement disparu, ainsi que les *Rhizosolenia* et les *Melosira*.

Le troisième groupe est localisé dans la baie de Matha, 66°56′ latitude sud, station XII, pêche n° 39, où le plancton est plus abondant et plus varié que dans la baie Marguerite. Là, les *Chætoceros*, variés et nombreux, jouent pour la première fois un rôle important dans la flore, bien que le

Ch. Dichæta et le *C. criophilus* soient absents: mais des formes relativement rares, telles que *Ch. flexuosus*, *Ch. tortissimus*, prennent une grande extension.

Le *Biddulphia striata*, le *Coscinodiscus Bouvet*, le *Melosira sphærica* et le *Rhizosolenia truncata* prennent leur maximum d'extension et sont accompagnés du *Corethron Valdiviæ*, de l'*Eucampia antarctica* et du *Fragilaria Castracanei*. C'est seulement à la fin de la campagne qu'on observe un plancton aussi abondant et varié.

Le quatrième groupe, le plus important, comprend les pêches exécutées autour de l'île Pétermann depuis la station XIII jusqu'à la station XXVI, pêches n° 41 à n° 109, et à une latitude de 65° sud.

C'est dans ce groupe que l'influence saisonnière paraît se manifester le plus complètement. En effet, depuis le 4 février, station XIII, jusqu'au 27 avril, station XXII *bis*, le plancton est absolument homogène et d'une désespérante monotonie. Une seule espèce s'y montre; c'est le *Corethron Valdiviæ* et elle est parfois en si grande abondance (pêches nos 43 à 46) que la mer en était troublée.

A partir du 31 mai, pêche n° 81, station XXIV, jusqu'à la station XXVI *ter*, pêche n° 102, le 7 octobre 1909, l'allure du plancton change complètement. Le *Corethron Valdiviæ* devient très rare, et si les *Rhizosolenia* et les *Chætoceros* sont toujours absents, on voit apparaître de nombreux *Coscinodiscus* : *C. chromoradiatus*, *C. stellaris*, *C. Oculus-Iridis*, qui sont très abondants vers la fin de la période. En outre, quelques espèces caractéristiques se montrent en plus ou moins grande abondance, le *Biddulphia polymorpha* et le *Melosira Sol*, ce dernier abondant au mois d'octobre avec le *B. striata* qui réapparait en individus nombreux après une longue période d'éclipse. A la même époque, on voit réapparaître aussi *Eucampia antarctica*, *Fragilaria Castracanei* et *Thalassiosira antarctica*.

En ne considérant que la seule région de l'île Pétermann où les pêches ont été nombreuses du mois de février au mois d'octobre, on serait tenté de considérer le *Corethron Valdiviæ* comme une espèce essentiellement automnale, puisqu'on la voit disparaître presque entièrement à partir de la fin du mois de mai. Mais l'examen de la pêche n° 112, station XXVII, au voisinage de l'île du Roi-George, par 62° de latitude sud, montre un plancton homogène formé de *Corethron Valdiviæ*, comme à Pétermann de février à mai. Or cette pêche a eu lieu au début de l'été. L'influence saisonnière n'est donc pas le seul facteur qui influe sur la composition du plancton.

Il nous reste à examiner les dernières pêches de l'Expédition exécutées en janvier 1909 et à la latitude la plus basse, c'est-à-dire au-dessous du 69° latitude sud.

Ces pêches n°s 114 à 119, stations XXVIII à XXX, sont remarquables par leur hétérogénéité, et surtout par l'abondance des *Chætoceros*, des *Nitzschia* et des *Rhizosolenia*, fait qui ne s'était pas encore rencontré.

Les *Chætoceros* les plus fréquents, *Chætoceros criophilus*, *C. Dichæta*, *C. Schimperianus*, sont associés à *Corethron Valdiviæ*, de nouveau très abondant, avec *Dactyliosolen*, *Eucampia antarctica*, *Fragilaria Castracanei*. Les *Nitzschia Closterium*, *N. Gazellæ*, *N. seriata* sont associés à des *Rhizosolenia* qui sont bien moins nombreux, et surtout à une espèce qui apparaît pour la première fois, le *Synedra Reinboldii*.

Dans la dernière pêche, n° 119, les *Chætoceros* sont moins variés, mais les *Coscinodiscus* redeviennent importants.

Pêches de profondeur.

Les pêches de profondeur ont été réalisées dans la baie Marguerite, dans la baie Matha et autour de l'île Pétermann.

Ces diverses pêches, qui n'ont pas dépassé 120 mètres, montrent que le nombre et la variété des organismes décroissent assez régulièrement aux profondeurs de 100 à 120 mètres, sauf celle de la station XXI.

Parfois la surface est assez pauvre en organismes (stations XI et XXI), et le fait peut s'expliquer par l'existence de courants superficiels à salure plus faible qui ne sont pas capables de nourrir les espèces franchement marines ou qui, en raison de leur plus faible densité, laissent descendre plus rapidement dans les régions plus denses les organismes flottants. La détermination de la densité de l'eau de mer aux divers niveaux des pêches eût donné à ce sujet des indications intéressantes.

Nous résumerons maintenant les caractères particuliers des diverses pêches de profondeur.

Baie Marguerite (station XI, pêches nos 28 à 32, de la surface à 90 mètres de profondeur) (tableau p. 7). — La flore superficielle est pauvre; elle s'enrichit à 20 mètres et présente sa plus grande variété de 20 à 40 mètres où le *Fragilaria Castracanei* et l'*Eucampia antarctica* sont dominants. Elle s'appauvrit ensuite, mais présente cette particularité que le *Corethron Valdiviæ*, absent dans les couches superficielles, est assez abondant dans les couches profondes.

Baie Matha (station XII, pêches no 34 à no 39) (tableau p. 7). — Dans cette station, la flore contraste avec celle de la baie Marguerite et avec les autres stations par sa richesse en organismes et par leur abondance. Contrairement à ce que nous ont révélé les pêches de la baie Marguerite, c'est à la surface que la flore est la plus variée, avec une abondance inusitée de *Chætoceros*, puis cette flore s'appauvrit graduellement jusqu'à 150 mètres; les *Chætoceros* disparaissent très vite, et au contraire les *Coscinodiscus*, le *Corethron Valdiviæ*, le *Biddulphia polymorpha* persistent plus longtemps, ce qui s'explique par leurs facilités de flottaison moins grandes.

Environs de Pétermann (station XVIII, chenal de Lemaire, pêches nos 47 à 55, 2 mars 1909) (tableau p. 10). — Effectuées pendant la période où le *Corethron Valdiviæ* constitue presque seul la flore flottante, ces pêches démontrent que la monotonie du plancton demeure constante sans atténuation jusqu'à 120 mètres.

C'est à peine si quelques rares espèces accompagnent, à diverses profondeurs, la masse floconneuse et souvent abondante formée par le *Corethron Valdiviæ*.

Station XXI (19 mars 1909, pêches nos 58 à 63) (tableau p. 12). — Dans cette station, le *Corethron Valdiviæ* commence à perdre de son importance et le plancton devient déjà hétérogène avec un développement plus important et plus régulier du *Biddulphia polymorpha* et du *Melosira Sol*, surtout abondants dans les couches inférieures. Là, le plancton superficiel est plus pauvre que le plancton profond.

Station XXI (12 mai 1909, pêches nos 66 à 71) (tableau p. 13). — Si le plancton de surface est encore homogène jusqu'à une vingtaine de mètres et constitué exclusivement par le *Corethron Valdiviæ*, le nombre des espèces et des individus augmente de 20 à 80 mètres. Le *Biddulphia polymorpha* et le *Melosira Sol* prennent alors une extension considérable et l'emportent finalement sur le *Corethron Valdiviæ*. Toutefois, à 120 mètres ils deviennent rares comme cette dernière espèce.

Station XXIV bis (3 juin 1909, pêches nos 83 à 88) (tableau p. 14). — Dans cette station, la flore devient très pauvre, bien que la variété des espèces soit encore plus grande dans la profondeur qu'à la surface. Aux trois espèces qui se partagent les eaux, *Corethron Valdiviæ*, *Biddulphia polymorpha* et *Melosira Sol*, s'ajoutent, dans les couches profondes, un certain nombre de *Coscinodiscus*.

Station XXVI ter (21 juillet 1909, pêches nos 91 à 96) (tableau p. 15).

Station XXVI ter (7 novembre 1909, pêches nos 106, 107, 109) (tableau p. 19). — Dans ces stations, des pêches effectuées à diverses profondeurs sont très pauvres, sauf la pêche de la surface (p. 19), ou celle de 140 mètres à la surface (p. 15) qui sont très variées. La première est riche en *Biddulphia polymorpha* et *Melosira Sol*; dans la seconde, ces deux espèces sont rares, mais le *Melosira mucosa*, les *Coscinodiscus* sont abondants.

Il n'y a d'ailleurs à tirer aucune conclusion de ces répartitions en profondeur.

CONCLUSIONS

Caractères de la flore planctonique antarctique.

Les espèces végétales qui peuplent les eaux marines appartiennent surtout aux Péridiniales et aux Diatomacées, auxquelles il faut joindre quelques Schizophycées.

Les Schizophycées, qui sont cantonnées dans les mers chaudes (*Trichodesmium*) ou localisées dans les mers à faible salure [*Anabaena baltica* J. Schm., *Aphanizomenon Fos-aquae* (L.) Ralfs, *Nodularia spumigena* Mertens, de la Baltique], n'ont pas été signalées jusqu'ici dans le plancton de l'Antarctique.

Les Péridiniales, par un contraste frappant avec ce qu'on observe dans la région arctique, sont très rares dans les mers antarctiques. Les *Ceratium* font entièrement défaut et le genre *Peridinium* est seulement représenté par quelques petites espèces parmi lesquelles le *P. pellucidum* est commun aux deux régions.

Ce sont surtout les Diatomacées qui contribuent à donner à la flore antarctique sa physionomie spéciale.

Les données relatives à cette flore ont été fournies par trois expéditions : celle du « Challenger » publiée par Castracane (1), en ce qui concerne les Diatomées ; celle de la frégate « Tromp » publiée par Cleve (2), et celle de la « Valdivia » par Karsten (3).

Quant à l'expédition de la « Belgica », van Heurck n'a publié que les analyses de quelques boues de sondage ; les résultats de l'examen du plancton sont encore inconnus.

D'après un tableau publié par van Heurck (4), Castracane a fait con-

(1) *Report on the scientific Results of the Voyage of H. M. S. Challenger during the Years 1873-1876*. Botany by Castracane, 1886.

(2) *Plankton from the southern Atlantic and the southern Indian Ocean*, by P. T. Cleve (*Öfv. af k. Vet. Akad. Förh.*, 1900).

(3) *Das Phytoplankton des antarktischen Meeres nach dem Material der deutschen Tiefsee-Expedition 1898-1899*. Bearbeitet von G. Karsten, 1905.

(4) H. van Heurck, *Résultats du voyage du S. Y. « Belgica »*, 1897-1898-1899, Diatomées, Anvers, 1909, p. 61 et suivantes.

naître 42 espèces du plancton antarctique, Cleve 36 et Karsten 157. La contribution fournie par l'expédition de la « Valdivia », qui atteint ou dépasse le quadruple des espèces connues avant elle, porte principalement sur les *Coscinodiscus* (74 espèces), les *Chætoceros* (13), les *Rhizosolenia* (17), avec *Hyalodiscus* (5), et *Biddulphia* (5). Si les documents publiés par Karsten sont importants, ils ne donnent pas encore une idée nette de la flore antarctique, parce que les listes des espèces sont figurées sans indications de fréquence. Toutefois il a réalisé un réel progrès en séparant, d'après les notes laissées par Schimper, les espèces dominantes et les espèces accessoires. Les premières seules impriment à la flore son caractère particulier; les secondes, souvent intéressantes, ne peuvent servir de comparaison à cause de leur rareté et ne modifient pas l'allure du plancton. Mais la distinction faite par Karsten est encore insuffisante, et je me suis proposé, en adoptant une numération conventionnelle relative à la fréquence des espèces, de reconstituer la physionomie de la flore. C'est dans ce but que j'ai dressé les tableaux qui accompagnent ce mémoire (Planches II et III). La seule inspection de ces tableaux fait apparaître la pauvreté ou la richesse des stations et en même temps le caractère homogène ou hétérogène du plancton.

J'ai signalé, dans les matériaux de la deuxième expédition antarctique française, une soixantaine d'espèces qui occupent la région comprise entre le 62° et le 70° latitude sud, c'est-à-dire aux environs du cercle polaire antarctique. Sur ce nombre, 6 espèces sont entièrement nouvelles, ce qui porte à 220 environ le nombre des espèces signalées jusqu'à ce jour dans l'Antarctique. Ce nombre est considérable si l'on songe que celui des espèces arctiques relevées par van Heurck ne dépasse pas 130, un peu plus de la moitié.

L'examen des tableaux de répartition des espèces dans l'ensemble des pêches du « *Pourquoi Pas?* » montre que la caractéristique du plancton de l'Antarctique est le *Corethron Valdiviæ*. Cette espèce existe dans toutes les pêches sauf une, et on la rencontre dans plus de 25 pêches en si grande abondance qu'elle constitue une des dominantes, parfois même la seule dominante (dans 15 pêches). Non signalé par Castracane et Cleve, le *Corethron Valdiviæ* constitue maintenant l'espèce la plus constante et la plus répandue de l'Antarctique.

Après le *Corethron Valdiviæ*, nous signalerons :

Biddulphia striata.
Biddulphia polymorpha.
Coscinodiscus Bouvet.
Coscinodiscus Oculus-Iridis.
Coscinodiscus radiatus.
Coscinodiscus stellaris.
Eucampia antarctica.
Fragilaria Castracanei.
Thalassiosira antarctica.

A ces espèces le plus fréquemment représentées, il faut ajouter celles qui se rencontrent dans un plus petit nombre de pêches, mais deviennent alors très abondantes, *Chætoceros* et *Rhizosolenia* ordinairement associés.

Chætoceros criophilus.
Chætoceros Dichæta.
Chætoceros Schimperianus.
Chætoceros flexuosus.
Chætoceros socialis.
Rhizosolenia truncata.
Rhizosolenia polydactyla.
Rhizosolenia alata var. *inermis.*

Ces diverses espèces excluent ordinairement les *Coscinodiscus* et le *Thalassiosira antarctica.*

Enfin, en dernière ligne, complétant la physionomie du planeton antarctique, viennent les *Melosira*, les *Nitzschia* et *Synedra.*

Melosira mucosa.
Melosira Sol.
Melosira sphærica.
Nitzschia seriata.
Nitzschia Gazellæ.
Nitzschia Closterium.
Synedra Reinboldii.

Influence saisonnière. — L'examen des tableaux (Planches II et III) permet de formuler, au sujet de l'influence des saisons, les conclusions suivantes.

Le *Corethron Valdiviæ* est une espèce essentiellement estivale, car il est très abondant de décembre à la fin d'avril, et très rare à partir du mois de mai jusqu'à la fin du mois d'octobre. Le fait est particulièrement net pour la région du chenal de Lemaire au voisinage de l'île Pétermann : là, de nombreuses pêches ont été pratiquées du 5 janvier 1908 jusqu'au 7 octobre de la même année et à diverses reprises en février, avril et mai.

Les *Coscinodiscus* paraissent se développer plus spécialement du mois d'octobre au mois de janvier, c'est-à-dire au printemps. Ce fait est intéressant à rapprocher de la floraison d'espèces semblables à Saint-Vaast qui est surtout hivernale (1).

Il semble qu'il existe une sorte de balancement entre le *Coscinodiscus Bouvet*, qui s'épanouit de décembre à janvier, et les autres *Coscinodiscus* (*C. Oculus-Iridis*, *radiatus*, *stellaris*, *subbulliens*) qui sont en général très abondants aux époques ou dans les régions d'où le *C. Bouvet* est absent.

Les mêmes observations peuvent être présentées pour l'*Eucampia antarctica* dont la période de végétation s'étend d'octobre à février ; le *Biddulphia striata*, développé aussi d'octobre à février. Au contraire, le *Biddulphia polymorpha*, de janvier à octobre, aurait le caractère d'une espèce automnale et hivernale, ainsi que le *Melosira Sol*. Ce fait expliquerait pourquoi Karsten n'a pas figuré le *Biddulphia polymorpha*, car les pêches qu'il a analysées ont été récoltées du 14 novembre au 31 décembre 1898 ; le *Melosira Sol* n'a été rencontré par lui que deux fois, le 12 décembre et le 30 décembre.

Variations régionales. — Les diverses régions parcourues présentent une flore variable.

La région de l'île Pétermann est remarquable par l'homogénéité du plancton estival essentiellement constitué par le *Corethron Valdiviæ*; le plancton de printemps est plus varié avec des *Coscinodiscus*, *Eucampia antarctica*, *Fragilaria Castracanei*, *Thalassiosira antarctica*.

Dans la baie Marguerite, à l'île du Roi-George, le plancton est ordinairement pauvre.

Au contraire, les régions du chenal de Peltier, du chenal de Rosen et surtout la baie de Matha présentent une flore très variée avec *Biddulphia striata*, *Corethron Valdiviæ*, *Coscinodiscus Bouvet*, *Eucampia antarctica*, *Fragilaria Castracanei*, *Melosira mucosa* et *sphærica*, *Rhizosolenia truncata*, *Thalassiosira antarctica*.

Enfin, dans les mers de Bellingshausen et du Pourquoi-Pas (pêches 114 à 119), le plancton est très riche en espèces. Avec le *Corethron Valdiviæ*, toujours dominant, on peut signaler aussi les dominantes suivantes :

(1) Mangin (L.), Sur la flore planctonique de la rade de Saint-Vaast-la-Hougue, 1908-1912 (*Nouvelles Archives du Muséum d'Histoire naturelle*, 5e série, 1913, p. 237).

Chætoceros criophilus, *C. Dichæta*, *C. Schimperianus*, *Asteromphalus Hookeri*, *Dactyliosolen flexuosus*, *Eucampia antarctica*, *Fragilaria Castracanei*, *Nitzschia Closterium*, *N. Gazellæ*, *N. seriata*, *Rhizosolenia truncata*, *R. alata* var. *inermis*, *R. polydactyla*, *Synedra Reinboldii*.

Comparaison des flores arctiques et antarctiques.

Ce sont les Diatomées qui permettent d'établir la comparaison des flores, d'après le tableau dressé par van Heurck donnant la liste des espèces signalées dans les diverses expéditions jusqu'en 1904.

Dans cette liste, nous relevons 23 genres dans l'Antarctique et 22 dans la région arctique. Sur ces nombres, 10 genres renferment des espèces communes, savoir :

Thalassiothrix (2).	*Lauderia* (1).
Nitzschia (3).	*Chætoceros* (9).
Rhizosolenia (6).	*Stephanopyxis* (1).
Dactyliosolen (2).	*Asteromphalus* (2).
Leptocylindrus (1).	*Coscinodiscus* (9).

comprenant 36 espèces communes où dominent les *Rhizosolenia*, *Chætoceros* et *Coscinodiscus*.

Voici la liste de ces espèces :

	Thalassiothrix	*Frauenfeldii.*	*	*Chætoceros*	*criophilus.*
	—	*longissima.*		—	*decipiens.*
*	*Nitzschia*	*Closterium.*	*	—	*densus.*
	—	*delicatissima.*		—	*Ostenfeldii.*
*	—	*striata.*		—	*Schüttii.*
*	*Rhizosolenia*	*alata.*		—	*Scolopendra.*
	—	*Bergonii.*		*Asteromphalus*	*heptactis.*
	—	*delicatula.*	*	—	*Hookeri.*
*	—	*semispina.*		*Coscinodiscus*	*anguste-lineatus.*
	—	*Shrubsolii.*		—	*Asteromphalus.*
*	—	*styliformis.*	*	—	*excentricus.*
*	*Dactyliosolen*	*antarcticus.*	*	—	*lineatus.*
	—	*mediterraneus.*	*	—	*Oculus-Iridis.*
	Leptocylindrus	*danicus.*	*	—	*radiatus.*
	Lauderia	*annulata.*		—	*Sol.*
*	*Chætoceros*	*atlanticus.*	*	—	*stellaris.*
	—	*borealis.*		—	*subtilis.*
	—	*convolutus.*		—	*symbolophorus.*

Dans cette liste, un certain nombre d'espèces font double emploi.

C. symbolophorus doit être rattaché au *C. stellaris* dont il est synonyme ; *Chætoceros convolutus* est assez mal déterminé, puisque des auteurs, comme Cleve, ne le distinguent pas du *C. criophilus*. *Rhizosolenia Bergonii* ne paraît pas davantage bien caractérisé. Quant au *Chætoceros criophilus*, j'ai déjà indiqué (p. 35 et 36) que l'espèce désignée sous ce nom dans la région arctique par Gran, Cleve, Ostenfeld n'a rien de commun avec le type décrit par Castracane pour les mers antarctiques. L'examen des pêches de la « Scotia », en voie d'exécution, a confirmé cette vue qui sera développée ultérieurement.

D'autre part, certaines espèces, telles que le *Rhizosolenia Shrubsolii*, doivent aussi être exclues, car elles ne dépassent pas vers le Sud le 55° de latitude. Karsten, qui l'a seul signalé dans l'expédition antarctique allemande, ne l'a rencontré que dans quatre stations comprises entre 49° 7'5 latitude sud et 54° 29 latitude sud.

Ces réserves faites, je n'ai rencontré dans les récoltes du « *Pourquoi-Pas ?* » que quinze espèces environ appartenant à cette liste (elles sont marquées d'une astérisque); par contre, *Chætoceros tortissimus*, *Ch. socialis*, *Coscinodiscus subbulliens* doivent y figurer comme espèces communes aux deux régions.

Toutes les espèces qui viennent d'être énumérées, 35 environ, n'appartiennent pas essentiellement à la zone arctique ou antarctique ; un grand nombre d'entre elles se rencontrent dans les régions plus voisines de l'équateur, mers boréales ou tempérées ; aussi le nombre des espèces essentiellement limitées aux deux zones arctiques et antarctiques est-il très réduit.

D'après les observations de Gran (1) en 1904, le nombre des espèces arctiques s'élevait à 81, distinguées en 59 espèces néritiques et 22 espèces océaniques.

Parmi les espèces néritiques, il distingue :

1° *Espèces arctiques* essentiellement localisées dans les mers polaires et absentes ailleurs ou très rares. On en compte 15 dont aucune ne se trouve dans la région antarctique.

2° *Espèces arctiques boréales* indigènes dans la mer polaire, mais pou-

(1) H. H. Gran, *Die Diatomeen der Arktischen Meere*, I Teil. Die Diatomeen des Planktons, 1904, Iéna, p. 544.

vant descendre le long des côtes jusqu'au 45° latitude nord. Ce sont les formes caractéristiques du plancton de printemps. Gran distingue 13 espèces. Une seule, le *Ch. socialis*, a été trouvée dans les pêches du « *Pourquoi-Pas?* » (stations I, II, III et XII).

3° *Espèces néritiques boréales*, dont le territoire est en dehors des mers polaires, mais qui peuvent être indigènes dans certaines localités de ces mers; ce sont des formes caractéristiques du plancton d'été et d'automne : 23 espèces, parmi lesquelles 4 ont été retrouvées dans l'Antarctique : *Ch. tortissimus* (stations XII et XXIX), *Nitzschia Closterium* (stations XXVIII et XXIX) et *Lauderia borealis*, *Leptocylindrus danicus*, déjà signalés, mais que je n'ai pas rencontrés.

5° *Espèces néritiques tempérées atlantiques*, à peine indigènes dans les mers polaires, vraisemblablement introduites par les courants : 8 espèces dont 2 de l'Antarctique : *Coscinodiscus radiatus*, que j'ai retrouvé dans 7 pêches, et *Rhizosolenia Shrubsolii* signalé par Karsten dans l'Antarctique, mais que je n'ai pas vu.

Espèces océaniques. — Essentiellement flottantes d'après Gran, ces espèces n'ont pas de centre de dispersion bien limité ; leur aire parait s'étendre à la limite des courants arctiques et atlantiques, on y distingue :

1° *Espèces subarctiques océaniques* dont l'aire, fixée à la limite des courants arctiques et océainques, est située dans le cercle polaire, bien que les courants puissent les entraîner très loin du cercle polaire. Gran compte 17 espèces, parmi lesquelles *15* ont été signalées dans les mers antarctiques; ce sont :

Asteromphalus	*Hookeri.*	*Coscinodiscus*	*excentricus.*
Chætoceros	*atlanticus.*	—	*Oculus-Iridis.*
—	*borealis.*	—	*stellaris.*
—	*convolutus.*	*Nitzschia*	*delicatissima.*
—	*criophilus.*	—	*seriata.*
—	*decipiens.*	*Rhizosolenia*	*semispina.*
—	*densus.*	*Thalassiothrix*	*longissima.*
Coscinodiscus	*curvatulus.*		

2° Enfin les espèces *atlantiques océaniques* qui n'apparaissent dans les mers polaires que comme des hôtes transitoires : 4 espèces dont 2 antarctiques :

Rhizosolenia alata.	*Rhizosolenia styliformis.*

Lorsque Gran formulait la comparaison dont nous venons de rappeler les termes généraux, les résultats de l'expédition de la « Valdivia » n'étaient pas encore connus.

Karsten, qui les a publiés, consacre dans son travail (1) un chapitre aux rapports entre les formes arctiques et antarctiques du plancton.

Il évalue à 31 le nombre des espèces communes aux deux régions. Dans ce nombre, 6 espèces ne figurent pas sur la liste que j'ai donnée plus haut; ce sont :

Navicula aspera.
Corethron criophilum.
Coscinodiscus nitidus.
Coscinodiscus criophilus.
Halosphæra viridis.
Triceratium arcticum.

Je n'ai rencontré aucune de ces espèces dans les récoltes du « *Pourquoi-Pas?* » sauf le *Triceratium arcticum* var. *kerguelenensis* Castr. dans quelques pêches de profondeur (stations XXI et XXIV).

Par contre, les espèces suivantes, au nombre de 14, ont été écartées :

Thalassiothrix Frauenfeldii.
Rhizosolenia Bergonii.
— *delicatula.*
Lauderia borealis.
Chætoceros decipiens.
— *densus.*
— *Ostenfeldii.*
Chætoceros Schüttii.
— *Scolopendra.*
Stephanopyxis Turris.
Coscinodiscus anguste-lineatus.
— *Asteromphalus.*
— *glacialis.*
— *Sol.*

Sur les 31 espèces communes aux deux régions, le plus grand nombre se rencontrent dans diverses mers, et comme elles sont ainsi capables de s'accommoder aux variations de température, l'auteur pense que les courants de la surface peuvent les transporter d'un pôle à l'autre. Un petit nombre seulement, 5 ou 6, ne se rencontrent que dans les mers arctiques et dans les mers antarctiques, à l'exclusion des autres régions; ce sont :

Nitzschia delicatissima.
Chætoceros criophilus.
Chætoceros borealis.
Coscinodiscus stellaris.
Coscinodiscus criophilus (?).
Asteromphalus Hookeri.

Pour ces espèces nettement « bipolaires », Karsten émet l'hypothèse que ces formes, flottant à l'état végétatif dans les mers froides, présentent des formes de repos, spores durables ou cystes, qui s'enfoncent dans la mer et sont conservées dans les courants froids et profonds; ces courants,

(1) KARSTEN, *loc. cit.*, p. 25.

sous les couches marines chaudes, formeraient une sorte de pont entre les mers polaires froides, c'est ainsi que les espèces essentiellement bipolaires seraient transportées dans l'une ou l'autre direction. Cette hypothèse, qu'aucune donnée scientifique ne justifie quant à présent, est intéressante à signaler aux expéditions scientifiques futures et nous ne la retenons qu'à ce titre.

On pourrait avec autant de raison supposer qu'avant la période actuelle, pendant la période glaciaire par exemple, les espèces des mers froides avaient une extension bien plus grande et que des courants différents de ceux qui existent aujourd'hui ont pu établir de larges échanges, maintenant supprimés par la rétrogradation des glaces et l'exiguïté plus grande des zones glaciaires. Cette hypothèse n'a rien d'invraisemblable, puisque les zones de végétation actuelles sont un legs des périodes géologiques antérieures.

Toutefois, avant de songer à émettre des vues spéculatives sur l'origine des centres de végétation, il me paraît nécessaire de démontrer d'abord l'identité des formes qui végètent en des régions éloignées. L'une des espèces considérées comme exclusivement cantonnées dans les mers arctiques et antarctiques, le *Chætoceros criophilus*, est à ce point de vue sujette à caution. J'espère démontrer prochainement que le *Ch. criophilus* de Castracane est spécial aux régions antarctiques et n'a rien de commun avec les formes désignées sous le même nom dans les mers arctiques.

Si nous voulons, pour conclure, indiquer les traits caractéristiques des flores arctiques et antarctiques, nous rappellerons d'abord les observations très précises de Gran, car elles n'ont rien perdu de leur valeur depuis les derniers travaux publiés.

« ... Il est très frappant, écrit Gran (1), de constater que, pour le plancton océanique, les espèces de *Chætoceras* du sous-genre *Phæoceras* soient représentées principalement dans l'Océan Antarctique par *Ch. atlanticus* et d'autres espèces voisines (*Ch. Dichæta*, *Ch. polygonus*), tandis que le groupe boréal est très réduit. Dans le Nord, c'est l'inverse; ici, le groupe boréal représente souvent tout le plancton, tandis que *Ch. atlanticus* se présente rarement et à l'état d'individus isolés. »

(1) Gran, *Die Diatomeen der arktischen Meere*, Iéna, 1904, p. 548.

Nous compléterons ces indications en donnant le tableau des genres les plus caractéristiques avec le nombre des espèces qu'ils renferment dans les deux régions.

	Antarctiques.	Arctiques.
Navicula	8	3
Nitzschia	10	8
Rhizosolenia	22	17
Chætoceros	23	49
Thalassiosira	2	5
Hyalodiscus	6	2
Biddulphia	5	3
Asteromphalus	13	2
Actinocyclus	9	2
Coscinodiscus	81	16
Ethmodiscus	5	0

On voit que la région arctique est surtout riche en *Chætoceros,* le nombre des espèces qu'elle présente dépassant le double du nombre des espèces antarctiques. Au contraire, dans cette dernière région, les *Rhizosolenia* sont plus nombreux, ainsi que les *Biddulphia*, mais la richesse en *Coscinodiscus* est très grande, puisque le nombre des espèces dépasse le quintuple de celles que renferme la région arctique.

On peut dire, en somme, que les *Coscinodiscus* l'emportent dans la région antarctique. Au contraire, les *Chætoceros* sont plus nombreux dans la région arctique.

EXPLICATION DES PLANCHES

PLANCHE I

1. *Eucampia antarctica* (Castr.) nob. — *a*, région où s'est constituée la forme *Balaustium* ; *b*, région à réseau polygonal ; *c*, extrémités représentant la forme *Mölleria*.

2, 3. *Chætoceros Dichæta* Ehr. f. *lata*. — Couple d'individus encore emprisonnés dans la membrane de la cellule mère et montrant les fins filaments marginaux.

4. *Ch. Dichæta* f. *longa*. — Quatre individus montrant la direction des cornes, à partir du point de croisement, dans des plans parallèles légèrement inclinés sur l'axe de la chaîne.

5. *Ch. Dichæta* f. *longa*. — Un couple d'individus vu parallèlement au plan d'insertion des cornes.

6. *Ch. forcipatus* nov. sp. — *a*, vu par la face connective ; *b*, vu par la face valvaire.

7. *Ch. flexuosus* nov. sp. — Vu par la face connective et montrant les cornes légèrement nattées.

8. *Coscinosira antarctica* nov. sp. — Deux chaînes d'individus, l'une, *a*, à valves aplaties ; l'autre, *b*, à valves allongées.

PLANCHES II ET III

Ces deux planches donnent le tableau de la répartition des espèces dans les diverses régions visitées par le « *Pourquoi Pas ?* » avec l'indication de leur fréquence relative par des traits d'inégale épaisseur correspondant aux chiffres 1/2 à 6 qui précèdent le nom de chaque espèce dans la liste des pêches.

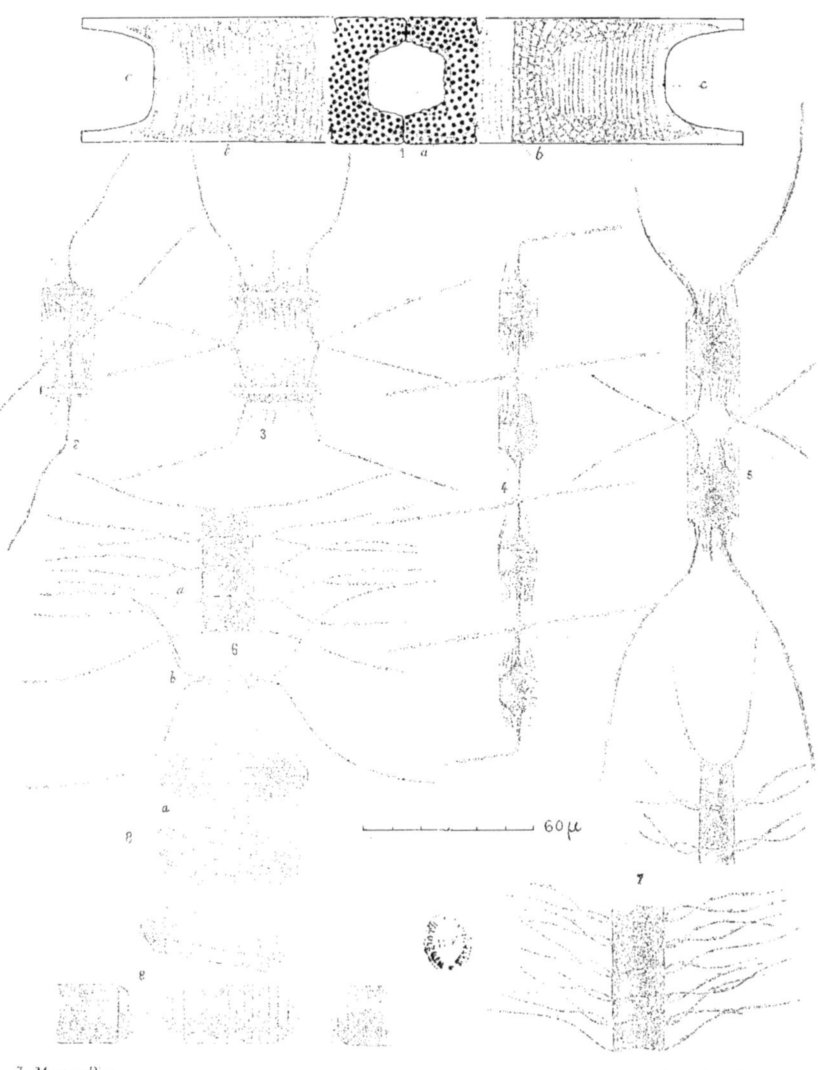

L. Mangin, Pinx

Marcel Bry. Lith. Paris.

1. Eucampia antarctica. 2. 3. Chaetoceros Dichaeta forma lata; 4. 5. Chaetoceros Dichaeta forma longa. 6. Chaetoceros forcipatus. 7. Chaetoceros flexuosus; 8. Coscinosira antarctica

Masson & Cie Éditeur.

	1908				1909										
	St. I. N° 14.	St. II. N° 15.	St. II. N° 16.	St. III. N° 17.	St. IV. N° 18.	St. IV. N° 19.	St. V. N° 20.	St. VI. N° 21.	St. VII. N° 22.	St. VIII. N° 25.	St. IX. N° 26.	St. X. N° 27.	St. XI. N° 28.	St. XII. N° 39.	St. XIII. N° 41.
Actinoptychus undulatus Bail.															
Achnanthes sp.															
Amphiprora Œstrupi H. V. H.															
Asteromphalus Brockei Bail.															
— *Hookeri* Ehr.															
— *Roperianus* Ralfs.															
Biddulphia striata Karsten.															
— *polymorpha* n. sp.															
Chætoceros atlanticus Cleve.															
— *criophilus* Castr.															
— *curvatus* Castr.															
— *Dichæta* Ehr.															
— *flexuosus* n. sp.															
— *forcipatus* n. sp.															
— *neglectus* Karsten															
— *Radiculum* Castr.															
— *Schimperianus* Karsten.															
— *socialis* Lauder															
— *tortissimus* Gran															
Corethron Valdiviæ Karsten															
Coscinodiscus anguste-lineatus A. Schm.															
— *australis* Karsten															
— *bifrons* Castr.															
— *Bouvet* Karsten															
— *chromoradiatus* Karsten.															
— *denarius* A. Schm.															
— *inflatus* Karsten															
— *Kerguelensis* Karsten.															
— *lineatus* Ehr.															

Planche II.

1909																	1910			
…t. …II. …46.	St. XVIII. N° 47.	St. XIX. N° 56	St. XX. N° 57	St. XXI. N° 58.	St. XXI. N° 66.	St. XXII. N° 73.	St. XXII. N° 74.	St. XXIV. N° 81.	St. XXIV. N° 83.	St. XXIV. N° 91.	St. XXV. N° 97.	St. XXV. N° 98.	St. XXVI. N° 100.	St. XXVI. N° 101.	St. XXVI. N° 102.	St. XXVII. N° 112.	St. XXVIII N° 114.	St. XXVIII N° 115.	St. XXIX. N° 117.	St. XXX. N° 119.

	1908				1909										
	St. I. N° 14.	St. II. N° 15.	St. II. N° 16.	St. III. N° 17.	St. IV. N° 18.	St. IV. N° 19.	St. V. N° 20.	St. VI. N° 21.	St. VII. N° 22.	St. VIII. N° 25.	St. IX. N° 26.	St. X. N° 27.	St. XI. N° 28.	St. XII. N° 39.	St. XIII. N° 41
Coscinodiscus Oculus-Iridis Ehr.	▬					▬		█	—	█		—	▬		▬
— *radiatus* Ehr.							▬	█		▬					▬
— *stellaris* Rop.		—	—					—	▬	▬					
— *subbulliens* Jörg				█	█									—	
Coscinosira antarctica n. sp.		—													
Dactyliosolen flexuosus n. sp.														—	
Eucampia antarctica (Castr.)	█	█	▬	▬			▬	—	—	▬	▬	█	▬	█	
Fragilaria Castracanei de Toni	▬	▬	▬	—	—			—	█		—	▬		▬	
Fragilaria sp.							—			▬					█
Guinardia sp.															
Licmophora Reichardtii Grun		—	▬										▬		▬
Melosira mucosa nov. sp.	█	▬	▬												
— *Sol* Ehr.															
— *sphærica* Karsten		█												█	
Nitzschia angustissima H. V. H.															▬
— *Closterium* W. Sm.															
— *gazellæ* Karsten															▬
— *seriata* Cleve															
Rhizosolenia antarctica Karsten	—			—	—										
— *alata* v. *inermis* (Castr.)														—	
— *Rhombus* Karsten															
— *semispina* Hensen															
— *polydactyla* Castr.											▬	—			
— *truncata* Karsten	▬	▬	▬			▬	—			—				█	
Synedra Rheinboldii H. V. H.															
Thalassiosira antarctica Comber	█	▬	█	▬	▬	█	—	—	—					▬	▬
Thalassiothrix sp.															
Triceratium arcticum v. *Kerguelensis* Castr.		—													

ARCTIQUE

1909																1910			
St. XVII. N° 46.	St. XVIII. N° 47.	St. XIX. N° 56.	St. XX. N° 57.	St. XXI. N° 58.	St. XXI. N° 66.	St. XXII. N° 73.	St. XXII. N° 74.	St. XXIV. N° 81.	St. XXIV. N° 83.	St. XXIV. N° 91.	St. XXV. N° 97.	St. XXV. N° 98.	St. XXVI. N° 100.	St. XXVI. N° 101.	St. XXVI. N° 102.	St. XXVII. N° 112.	St. XXVIII N° 114.	St. XXVIII N° 115	St. XXIX. N° 117.	St. XXX. N° 119

Fascicules publiés.

Corbeil. — Imprimerie Crété.

www.ingramcontent.com/pod-product-compliance
Ingram Content Group UK Ltd.
Pitfield, Milton Keynes, MK11 3LW, UK
UKHW020158200726
13856UKWH00003B/1064